SPEED
COOKING

*TRENDFOOD
IM TURBOGANG*

**AUTORIN: SANDRA SCHUMANN
FOTOGRAF: SILVIO KNEZEVIC**

DIE GU-QUALITÄTS-GARANTIE

Wir möchten Ihnen mit den Informationen und Anregungen in diesem Buch das Leben erleichtern und Sie inspirieren, Neues auszuprobieren. Bei jedem unserer Bücher achten wir auf Aktualität und stellen höchste Ansprüche an Inhalt, Optik und Ausstattung. Alle Rezepte und Informationen werden von unseren Autoren gewissenhaft erstellt und von unseren Redakteuren sorgfältig ausgewählt und mehrfach geprüft. Deshalb bieten wir Ihnen eine 100 %ige Qualitätsgarantie.

Darauf können Sie sich verlassen:
Wir legen Wert darauf, dass unsere Kochbücher zuverlässig und inspirierend zugleich sind.
Wir garantieren:
• dreifach getestete Rezepte
• sicheres Gelingen durch Schritt-für-Schritt-Anleitungen und viele nützliche Tipps
• eine authentische Rezept-Fotografie

Wir möchten für Sie immer besser werden:
Sollten wir mit diesem Buch Ihre Erwartungen nicht erfüllen, lassen Sie es uns bitte wissen! Wir tauschen Ihr Buch jederzeit gegen ein gleichwertiges zum gleichen oder ähnlichen Thema um. Nehmen Sie einfach Kontakt zu unserem Leserservice auf. Die Kontaktdaten unseres Leserservice finden Sie am Ende dieses Buches.

GRÄFE UND UNZER VERLAG
Der erste Ratgeberverlag – seit 1722.

EINFACH LOSLEGEN – ALLES HALB SO WILD

Wer gern kocht, hat fast täglich ein Date mit seiner Küche. Manchmal rührt man in aller Seelenruhe in den Töpfen, hört Musik und schaut gar nicht auf die Uhr. An anderen Tagen muss es schnell gehen. Aber trotzdem soll es lecker und nicht langweilig schmecken! Für genau solche Kochtage gibt es Speed Cooking.

In sechs Kapiteln geht es hier um Tacos und Burger, um Pasta, Suppen und Salate, Fleisch, Fisch und Veggi-Snacks. Dabei gönnen wir den schnellen Klassikern mal eine Pause und zaubern vor allem neue Blitz-Rezepte: Pulled-Lachs Burger, California Bowl, Avocadopesto, Blumenkohlreis, Gemüse-Döner oder Grill- und Reisnudelsalat.

Viele tolle Rezepte lassen sich mit ein paar Kniffen zackig zubereiten. Ob Speed-Kochtechniken, Blitz-Zutaten oder fixe Würzmischungen – hier ist alles vereint, was das Koch-leben einfacher macht. In höchstens 30 Minuten sind alle Gerichte fertig – und ohne, dass Fingerkuppen wegfliegen. Für ganz entspannte Koch-Feierabende ist also gesorgt.

Ich wünsche Euch viel Freude beim Nachkochen und hoffe, Ihr entdeckt viele neue schnelle Lieblingsrezepte.

Happy Speed Cooking!

Eure
Sandra Schumann

AUF DIE SCHNELLE: TIPPS & TRICKS

Mit nur ein bisschen ORGANISATION läuft alles viel entspannter. Deshalb zuerst das Rezept komplett durchlesen und alle Zutaten und Küchenhelfer zurechtlegen, bevor es richtig losgeht. Gar- und Backzeiten clever nutzen, um andere Arbeitsschritte auszuführen oder auch in der Küche für Ordnung zu sorgen.

Wer im Speed-Tempo schnippeln möchte, braucht ein SCHNEIDEBRETT, das beim Arbeiten nicht hin und her rutscht. Dazu einfach einen Spüllappen oder ein Geschirrtuch anfeuchten und unter das Brett legen.

Anstatt darauf zu warten, dass das Wasser im Topf endlich kocht, lieber fix den WASSERKOCHER anschmeißen. Darin wird das Wasser ruckzuck heiß und ist dann auch gleich einsatzbereit.

Gemüse, Kartoffeln & Co. sollten möglichst KLEIN GESCHNITTEN werden, um die Garzeit kurz zu halten. Zudem alles mit DECKEL garen – das spart neben Zeit auch Energie.

MANGOS ZU SCHÄLEN, ist oft Fummelarbeit. So geht's schneller: Fruchtfleisch rechts und links des Kerns abschneiden. Dann die Mangohälften am Rand eines Trinkglases ansetzen (Schale zeigt nach außen) und mit wenig Druck so nach unten schieben, dass das Fruchtfleisch von der Schale abgeschabt wird und in das Glas fällt.

Ein echter Zeitfresser ist das KARTOFFELPELLEN. Speed-Tipp: Kartoffeln vor dem Garen rundherum quer 1-2 mm tief einschneiden, dann wie gewohnt kochen. Die Haut lässt sich nun mühelos abziehen.

KNOBLAUCHSCHÄLEN leicht gemacht: Knoblauchzehen in ein Schraubglas geben, Deckel drauf und losschütteln. In wenigen Sekunden ist die Schale ab. Tipp: Die Knoblauchpresse funktioniert übrigens auch mit ungeschältem Knoblauch. Einfach nur etwas kräftiger zudrücken, große Zehen vorher halbieren.

INGWER muss man nicht unbedingt schälen. Junge, ganz frische Wurzeln besitzen eine hauchdünne, sehr aromatische Schale, die man mitreiben oder -hacken kann.

Der BLITZHACKER ist eine wahre Küchenfee, wenn es ums schnelle Zerkleinern geht. Und er ist im Handumdrehen geputzt: 1 Mini-Spritzer Spülmittel hineingeben, zur Hälfte mit sehr heißem Wasser füllen und kurz mixen. Nun mit klarem Wasser auswaschen – und schon ist er bereit für einen neuen Einsatz.

EILIGER BLITZVORRAT

Nur ein Griff ins Gefrierfach oder in den Kühlschrank und schon duftet der Suppentopf herrlich nach Kräutern, kann der Pizzaboden bunt belegt oder ein würziger Dip gerührt werden. Was dafür in den Einkaufskorb muss? Hier sind die Geheimwaffen für flinke Küchenabenteuer.

KRÄUTER IMMER GRIFFBEREIT

Kräuter verleihen vielen Gerichten erst das gewisse Etwas. Aber wer hat schon immer den passenden Kräutertopf da? TK-Ware ist hier eine 1a-Alternative. Neben Klassikern wie Dill, Schnittlauch und Petersilie gibt es auch Kräutermischungen in verschiedenen Geschmacksrichtungen.

SCHNELLES GEMÜSE

Bei Erbsen, (Blatt-)Spinat oder einem Gemüse-Mix aus dem Tiefkühlfach spart man sich das Putzen und Hacken. Besonders praktisch sind Packungen mit portionierbarem Inhalt. Aber auch Avocado, Frühlingszwiebeln, Hokkaido-Kürbis, Kirschtomaten und Paprika aus dem Gemüseregal sind fixe Vitaminspender: ohne aufwendiges Putzen, Schälen und Zerkleinern lassen sie sich im Handumdrehen zu leckeren Gerichten verwandeln.

TK-FISCH & CO.

Über Tiefgekühltes die Nase zu rümpfen, das war gestern. In den meisten Supermärkten reicht das TK-Sortiment weit über Hähnchenschenkel und Pizza hinaus. Dabei sind regionale Produkte, Bio-Qualität und zertifizierter Fisch schon lange selbstverständlich. Wichtig für Speed-Köche ist hier nur ein bisschen Planung, um beim Auftauen alle Nährstoffe zu erhalten. Den Fisch am besten bereits morgens aus dem Gefrierfach nehmen und die Filets nebeneinander auf einem Teller im Kühlschrank auftauen lassen. Vergessen? Dann eine große Schüssel mit kaltem Wasser füllen. Fischfilets in einem Gefrierbeutel sehr gut verschließen und in dem Wasser auftauen lassen.

FERTIGTEIGE

Teig zu kneten, ist wahre Kochmeditation. Aber nicht nach Feierabend! Da greift man doch lieber nur in den Kühlschrank und legt los. Fix und fertig ausgerollt bringen die meisten Pizza-, Quiche- und Blätterteige sogar ihr Backpapier mit. Haltbarkeit: mindestens 2–3 Wochen.

SATTMACHER MIT KURZER GARZEIT

Couscous, Bulgur, Polenta, vorgegarter Reis, kurze Nudeln – wer abends nicht lange vor dem Herd stehen will, muss auf nichts verzichten. Viele Nudelsorten mit Garzeit-Traumnoten gibt es auch als Frischeprodukte im Kühlregal.

SAUCEN & GEWÜRZ-MISCHUNGEN

Hat man Currypaste, Harissa (scharfe Würzpaste), Ras el Hanout (Gewürzmischung) und Chiliflocken im Haus, braucht es nicht viel mehr für feines Speed-Würzen. Und aus Fertigsaucen, wie etwa süßer Chilisauce oder BBQ-Sauce, lassen sich neben Marinaden ganz flugs auch herrliche Dressings und Dips zaubern.

WAFFELEISEN KANN AUCH ANDERS

Küchengeräte machen das Leben leichter.
Deshalb am besten vielseitig verwenden.

AUS PFANNE PLUS DECKEL MACH PANINI- & SANDWICHTOASTER

Ein spezieller Sandwichtoaster muss nicht sein, eine Pfanne und ein schwerer Deckel tun es auch: Baguettebrötchen mit Mozzarella, Tomate und Basilikum belegen und mit Olivenöl bestreichen. Pfanne erhitzen, Brötchen rein, den Deckel direkt drauf. Brötchen 3 Min. rösten, wenden und auch die zweite Seite knusprig werden lassen.

SALATDRESSING AUS DEM BLITZHACKER

Ein echter Allrounder und ein Must-have für die schnelle Küche: Zwiebeln, Knoblauch und Kräuter hacken, Pesto mixen, Nüsse zerkleinern, Suppen pürieren oder auch Salatdressings zusammenrühren. Zum Beispiel das hier: Das Fruchtfleisch von 1 Avocado, 250 g Buttermilch, 1 Knoblauchzehe und Saft von 1 Limette im Blitzhacker mixen. Salzen, pfeffern. Fertig.

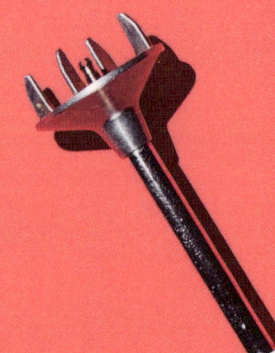

POCHIERTE EIER UND DIE MUFFINFORM

Die Muffinform geht für Cupcakes & Co., schon klar. Aber was kann man noch damit zaubern? Zum Beispiel pochierte Eier: In jede Formmulde 1 EL Wasser geben und vorsichtig 1 Ei hineingleiten lassen. Im 180° heißen Ofen (Mitte) 15 Min. garen. Dazu noch Avocadocreme und knuspriger Speck und das Abendessen steht.

RÖSTIS UND QUESADILLAS AUS DEM WAFFELEISEN

Statt Waffeln auch mal Quesadillas backen: 1 Tortilla in das Waffeleisen legen, mit geriebenem Käse bestreuen und mit 1 Tortilla abdecken. Waffeleisen schließen und die Quesadilla in 1–2 Min. goldbraun backen. Oder Lust auf ein Rösti? 2 geraspelte große Kartoffeln mit 1 TL Salz mischen und 10 Min. ziehen lassen, dann kräftig ausdrücken. Die Kartoffelraspel ins gefettete Waffeleisen geben und darin in 6–8 Min. knusprig backen.

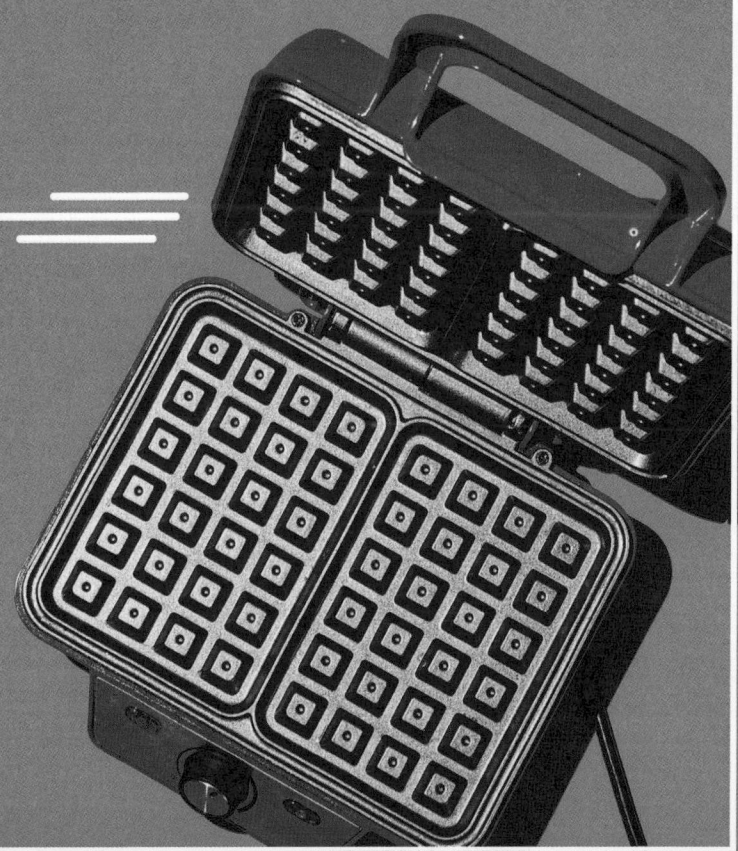

Schnelle

Kleinigkeiten

MEXIKANISCHE EIER

1.

Den Backofen auf 240° vorheizen. Jalapeños, Mais und Bohnen im Sieb abtropfen lassen. Große Jalapeño-Ringe halbieren.

2.

Das Öl in einer ofenfesten Pfanne erhitzen. Bohnen, Jalapeños und Mais darin 2 Min. anbraten.

3.

Tomaten dazugeben, mit Salz und Pfeffer würzen.

4.

Alles gut durchmischen und 5 Min. bei mittlerer Hitze köcheln lassen.

5.

In den Tomaten-Mix vier Vertiefungen drücken. Eier aufschlagen und in die Vertiefungen gleiten lassen.

6.

Tomaten-Mix und Eier mit Käse bestreuen. Im Ofen (Mitte) 7–10 Min. backen, bis die Eier gar sind.

ZUTATEN FÜR 2 PERSONEN:

Jalapeño-Ringe	75 g
Mais (Dose)	150 g
Kidneybohnen (Dose)	250 g
Olivenöl	1 EL
stückige Tomaten (Dose)	400 g
Eier (M)	4
geriebener Cheddar	50 g
Salz & Pfeffer	

Zubereitung   15 Min.

+ Garzeit   10 Min.

Kalorien   570 kcal pro Portion

1.

Den Blumenkohl waschen, putzen, in Röschen teilen.

2.

Blumenkohl im Blitzhacker reiskorngroß zerkleinern. Nicht zu fein hacken!

3.

In einer Pfanne 2 EL Öl erhitzen. Blumenkohl darin unter Rühren 3 Min. scharf anbraten. Salzen, pfeffern.

4.

225 ml Wasser dazugießen und den Blumenkohl bei mittlerer Hitze ca. 5 Min. offen köcheln lassen.

5.

Knoblauch schälen. Petersilie abbrausen, trocken schütteln, Blätter abzupfen. Mit allen übrigen Zutaten im Blitzhacker zum cremigen Pesto mixen. Salzen.

6.

Das Pesto mit dem Kohl servieren. Dazu passt: gebratenes Hähnchen- oder Fischfilet und Currys.

ZUTATEN FÜR 2 PERSONEN:

Blumenkohl	400 g
Olivenöl	80 ml
Knoblauchzehe	1
Petersilie	½ Bund
Cashewkerne	3 EL
Zitronensaft	2 EL
Chiliflocken	¼ TL
Salz & Pfeffer	

Zubereitung   20 Min.

+ Garzeit   –

Kalorien   450 kcal pro Portion

BLUMENKOHLREIS MIT PETERSILIENPESTO

1.

Die Eier in einem tiefen Teller verquirlen.

2.

Käse fein zerkrümeln und mit den Bröseln in einem zweiten Teller vermischen.

3.

Die Ravioli zuerst in den Eiern wenden, dann in der Bröselmischung.

4.

Öl in einer Pfanne erhitzen. Darin Ravioli bei mittlerer Hitze auf beiden Seiten in je 2 Min. goldbraun braten.

5.

Die knusprigen Ravioli auf Küchenpapier entfetten und auf Teller verteilen.

SCHMECKT TOLL MIT:

Die Lieblingstomatensauce passt immer. Oder ein Dip aus 125 g Skyr, 3 EL Milch, 1 EL ital. TK-Kräutern, Salz und ein wenig Pfeffer.

ZUTATEN FÜR 2 PERSONEN:

Eier (M)	2
Schafskäse	75 g
Semmelbrösel	100 g
Ravioli mit Spinatfüllung (Kühlregal)	250 g
Öl	2 EL

Zubereitung   10 Min.

+ Garzeit   4 Min.

Kalorien   585 kcal pro Portion

KNUSPRIGE RAVIOLI

SPEED-REZEPTE ZUCCHINI

10 MIN.

ZUCCHINIPESTO

1 grob gewürfelter Zucchino,
1 Handvoll Rucola, 6 EL Olivenöl,
2 EL Zitronensaft, 1 Prise Salz,
3 EL Mandelblättchen und
1 Knoblauchzehe in einen Blitzhacker geben. Alles zu einem
cremigen Pesto mixen. Passt zu
Spaghetti oder Penne.

20 MIN.

PARMESAN-ZUCCHINI-CHIPS

Backblech mit Backpapier auslegen und mit 1 EL Olivenöl einstreichen. 1 Zucchino in 1 cm breiten Scheiben mit 1 EL Olivenöl mischen, salzen, pfeffern. 75 g geriebenen Parmesan und 50 g Semmelbrösel mischen, salzen, pfeffern. Zucchinischeiben in den Parmesanbröseln wenden und auf dem Blech verteilen. Im 220° heißen Ofen (Mitte) in ca. 15 Min. goldbraun backen. Schmeckt toll mit: Dip (S. 16).

15 MIN.

ZUCCHINI-FRITTAS

1 grob geraspelter Zucchino, 1 klein gewürfelte Zwiebel, 1 Ei (M), 75 g zerkrümelter Schafskäse, 60 g Mehl und 1 TL TK-Kräuter (z. B. Dill, Peter-silie oder Schnittlauch) vermischen. 4 EL Öl in einer Pfanne erhitzen. Die Zucchinimischung in Häufchen in die Pfanne setzen, flach drücken und auf beiden Seiten goldbraun braten.

1.

Backofen auf 220° vorheizen. Eine Auflaufform (20 cm Ø) bereitstellen.

2.

Kirschtomaten waschen, halbieren und in die Form geben. Mit Salz und Pfeffer kräftig würzen.

3.

Parmesan, Mehl, Butter in Flöckchen und Oregano mit den Fingern zu groben Streuseln verarbeiten.

4.

Die Parmesanstreusel auf den Tomaten verteilen. Im Ofen (Mitte) in 15 Min. goldbraun backen.

5.

Die Auflaufform auf den Tisch stellen, sodass sich jeder davon nehmen kann.

UNBEDINGT PROBIEREN:

Passt super zu Nudeln, Mozzarella-Sandwich (S. 38), Schnitzeln (S. 176) und Kabeljau mit Cashew-Pesto-Haube (S. 156).

ZUTATEN FÜR 2 PERSONEN:

Kirschtomaten	400 g
geriebener Parmesan	75 g
Mehl	90 g
kalte Butter	50 g
getrockneter Oregano	½ TL
Salz & Pfeffer	

 Zubereitung 10 Min.

 + Backzeit 15 Min.

 Kalorien 515 kcal pro Portion

KIRSCHTOMATEN MIT PARMESANSTREUSELN

MINI-FRITTATA MIT ERBSEN

1.

Den Backofen auf 200° vorheizen. Die Mulden einer 6er-Muffinform mit der Butter einfetten.

2.

Erbsen in einer Schüssel mit heißem Wasser übergießen und ca. 1 Min. stehen lassen.

3.

Dann die Erbsen in einem Sieb gut abtropfen lassen. Die Eier in eine Schüssel aufschlagen.

4.

Käse, Sahne und Senf zu den Eiern geben und alles verquirlen. Mit Salz und Pfeffer würzen.

5.

Erbsen auf die Mulden der Muffinform verteilen. Mit der Eiermasse auffüllen.

6.

Die Muffins im Ofen (Mitte) in 10–12 Min. goldbraun backen. Herausnehmen und am besten gleich essen.

ZUTATEN FÜR 6 STÜCK:

Butter	½ TL
TK-Erbsen	100 g
Eier (M)	6
geriebener Bergkäse	100 g
Sahne	75 g
Senf	2 TL
Salz & Pfeffer	

 Zubereitung 10 Min.

 + Backzeit 12 Min.

 Kalorien 195 kcal pro Stück

1.

Tomaten abtropfen lassen, dabei 1 EL Öl auffangen. Tomaten klein schneiden. Den Rucola waschen und trocken schleudern.

2.

Das Ei in eine Schüssel aufschlagen. Milch, Mehl, Tomaten, Kräuter und Backpulver hinzufügen.

3.

Alles kräftig verquirlen. Den Teig mit Salz und Pfeffer würzen.

4.

Öl in einer großen Pfanne erhitzen. Die Hälfte des Teigs in die Pfanne gießen und gleichmäßig dünn darin verteilen.

5.

Eierkuchen beidseitig bei kleiner Hitze in je 2–3 Min. goldbraun backen. Übrigen Teig genauso backen.

6.

Die Eierkuchen mit dem Frischkäse bestreichen und dem Rucola belegen.

ZUTATEN FÜR 2 PERSONEN:

getrocknete	
Tomaten (in Öl)	50 g
Rucola	20 g
Ei (L)	1
Milch	90 ml
Mehl	75 g
Kräuter der	
Provence	1 TL
Backpulver	1 TL
Frischkäse	2 EL
Salz & Pfeffer	

 Zubereitung   5 Min.

 + Garzeit   12 Min.

 Kalorien   330 kcal pro Portion

EIERKUCHEN MIT GETROCKNETEN TOMATEN

ERBSEN-PÜREE MIT CHILI UND MINZE

1.

Chili entkernen, waschen und fein hacken. Minze abbrausen und trocken schütteln, die Blättchen in feine Streifen schneiden.

2.

Die Butter in einem Topf zerlassen. Darin die Chili 1 Min. andünsten.

3.

Erbsen dazugeben und mit 1 Prise Salz würzen. Abgedeckt bei kleiner Hitze 5 Min. dünsten lassen.

4.

Topf vom Herd nehmen, Sahne dazugeben. Erbsen mit dem Kartoffelstampfer zu Püree stampfen.

ZUTATEN FÜR 2 PERSONEN:

kleine Chilischote	1
Minze	1 Stängel
Butter	2 TL
TK-Erbsen (aufgetaut)	300 g
saure Sahne	2 TL
Salz	

5.

Die Minze unter das Püree mischen. Passt ganz prima zu Backfisch und Zwiebelringen (S. 158).

Zubereitung   10 Min.

+ Garzeit   –

Kalorien   120 kcal pro Portion

KÜRBISPÜREE MIT PARMESAN

1.

Den Kürbis waschen, entkernen und in kleine Stücke schneiden. Knoblauch schälen, halbieren.

2.

Kürbis samt Knoblauch abgedeckt in wenig Salzwasser bei mittlerer Hitze in ca. 10 Min. weich garen.

3.

Butter und Milch in einem zweiten Topf erwärmen.

4.

Den Kürbis abgießen und samt dem Knoblauch mit dem Kartoffelstampfer zu Püree stampfen.

ZUTATEN FÜR 2 PERSONEN:

Hokkaido-Kürbis	500 g
Knoblauchzehe	1
Butter	2 TL
Milch	50 ml
geriebener Parmesan	2 EL
Salz	

5.

Butter, Milch und Käse unter das Püree mischen. Schmeckt fein zu Fisch oder Schnitzel.

Zubereitung   10 Min.

+ Garzeit   10 Min.

Kalorien   250 kcal pro Portion

1.

Kichererbsen in einem Sieb abtropfen lassen. Zucker, Essig, Ketchup, 2 EL Wasser und die Sojasauce zur Sauce verrühren.

2.

Knoblauch schälen und in feine Scheiben schneiden. Paprikas putzen, waschen, in feine Streifen schneiden.

3.

Öl in Wok oder Pfanne stark erhitzen. Knoblauch und Paprikas darin 3 Min. unter Rühren anbraten.

4.

Die Hitze reduzieren und die Kichererbsen und die Sauce dazugeben.

5.

Alles durchmischen und 5 Min. bei mittlerer Hitze schmoren lassen.

6.

Die Kichererbsen mit Cayennepfeffer und Salz abschmecken. Lecker zu Couscous oder Reis.

ZUTATEN FÜR 2 PERSONEN:

Kichererbsen (Dose)	230 g
brauner Zucker	50 g
Apfelessig	2 EL
Ketchup	3 EL
Sojasauce	1 EL
Knoblauchzehen	2
bunte Paprikas	300 g
Öl	1 TL
Cayennepfeffer	1 Prise
Salz	

 Zubereitung 10 Min.

 + Garzeit 8 Min.

 Kalorien 275 kcal pro Portion

SÜSSSAURE KICHERERBSEN

1.

Den Backofen auf 200° vorheizen. Die Mulden einer 6er-Muffinform mit ½ EL Öl einfetten.

2.

Lauch putzen, waschen und klein würfeln oder in dünne Ringe schneiden.

3.

Übriges Öl (1 EL) in einer Pfanne erhitzen. Darin den Lauch bei mittlerer Hitze 5 Min. andünsten. Mit Salz und Pfeffer würzen.

4.

Aus dem Teig 6 Quadrate (10 × 10 cm) schneiden und die Mulden der Form damit auslegen. Teigreste anderweitig verwenden.

5.

Die Blätterteigkörbchen mit dem Lauch füllen und je 1 Käsetaler darauflegen.

6.

Quiches im Ofen (Mitte) in 12–15 Min. goldbraun backen. Herausnehmen und sofort servieren.

ZUTATEN FÜR 6 STÜCK:

Olivenöl	1½ EL
Lauch	300 g
Blätterteig (ca. 40 × 24 cm, Kühlregal)	1 Pck.
Ziegenfrischkäsetaler	6
Salz & Pfeffer	

Zubereitung   15 Min.

+ Backzeit   15 Min.

Kalorien   320 kcal pro Stück

MINI-QUICHES MIT ZIEGENKÄSE

OMELETTE MIT GARNELEN

1.

Den Backofen auf 240° vorheizen. Die Garnelen halbieren oder dritteln.

2.

Eier und 50 g Chilisauce verrühren. Mit Salz und Pfeffer würzen.

3.

Den Koriander abbrausen, trocken schütteln und grob hacken. Frühlingszwiebeln waschen, putzen und in dünne Ringe schneiden.

4.

Das Öl in einer ofenfesten Pfanne (22–24 cm Ø) erhitzen. Darin Garnelen und die Hälfte der Frühlingszwiebeln 1 Min. anbraten.

5.

Eier-Mix dazugeben, die Pfanne in den Ofen (Mitte) schieben. Das Omelette in 5 Min. goldbraun backen.

6.

Omelette zum Servieren halbieren. Mit restlichen Frühlingszwiebeln und dem Koriander bestreuen. Mit der übrigen Chilisauce zum Beträufeln servieren.

ZUTATEN FÜR 2 PERSONEN:

Garnelen	
(küchenfertig)	200 g
Eier (M)	4
süßscharfe	
Chilisauce	70 g
Koriandergrün	6 Stängel
Frühlings-	
zwiebeln	2
Olivenöl	1 EL
Salz & Pfeffer	

Zubereitung	10 Min.
+ Backzeit	6 Min.
Kalorien	355 kcal pro Portion

SPEED-REZEPTE
TV-SNACKS

10 MIN.

TORTILLA-CHIPS MIT SCHARFEM MANGODIP

2 Tortillas auf beiden Seiten dünn mit Olivenöl einstreichen und mit edelsüßem Paprikapulver bestreuen. Jede Tortilla wie eine Torte in 8 Stücke schneiden, auf einem Backblech (mit Backpapier) verteilen. Im 200° heißen Ofen (Mitte) in ca. 4 Min. knusprig backen. Für den scharfen Dip 150 g Frischkäse, 100 g Mango (Dose), ½ TL Zwiebelpulver, 1 Prise Chiliflocken und Saft von 1 Limette im Blitzhacker fein pürieren.

20 MIN.

BLÄTTERTEIGSTANGEN

1 Blätterteig (ca. 40 × 24 cm, Kühlregal) in lange Streifen (15 × 2 cm) schneiden. 5 Scheiben Serrano-Schinken in gleich große Streifen schneiden. Den Blätterteig mit dem Schinken belegen und die Streifen spiralförmig eindrehen. Mit etwas Abstand auf ein Backblech (mit Backpapier) legen. Die Stangen mit 1 EL Olivenöl bestreichen und mit edelsüßem Paprikapulver bestreuen. Im 200° heißen Ofen (Mitte) in 7–10 Min. goldbraun backen.

15 MIN.

SÜSSKARTOFFEL-CHIPS MIT ANANASDIP

2 Süßkartoffeln (400 g) in fingerdicken Scheiben mit 2 EL Olivenöl und je ½ TL Cayennepfeffer und Zimtpulver auf ein Backblech geben, mit den Händen vermischen. Im 230° heißen Ofen (Mitte) in 10–12 Min. knusprig backen. Für den Dip 75 g Frischkäse mit 130 g Ananas (Dose) und je ½ TL Zwiebel- und Knoblauchpulver im Blitzhacker pürieren. Mit Salz und Pfeffer würzen.

Sandwiches,

Brote & Co.

1.

Von den Toastscheiben die Ränder abschneiden. Den Mozzarella in dünne Scheiben schneiden.

2.

2 Toastscheiben mit dem Mozzarella belegen. Die Sardellenfilets und die Kapern darauf verteilen.

3.

Übrige Toastscheiben mit Ketchup bestreichen. Auf die belegten Brote legen, leicht zusammendrücken.

4.

Eier in einem tiefen Teller verquirlen, salzen und pfeffern. Brösel in einem zweiten Teller verteilen.

5.

Die Sandwiches zunächst im Ei wenden, dann in den Semmelbröseln. Öl in einer Pfanne erhitzen.

6.

Die Sandwiches im Öl bei mittlerer Hitze auf beiden Seiten in je 3 Min. gold-braun braten. Am besten mit Tomatensalat essen.

ZUTATEN FÜR 2 PERSONEN:

Toastscheiben	4
Mozzarella	125 g
Sardellenfilets (in Öl)	2
Kapern	1 EL
Ketchup	1 TL
Eier (M)	2
Semmelbrösel	80 g
Öl	100 ml
Salz & Pfeffer	

 Zubereitung 10 Min.

 + Garzeit 6 Min.

 Kalorien 700 kcal pro Portion

MOZZARELLA-SANDWICH

SPIEGELEI 2.0

1.

Aus den Brotscheiben mit einem runden Ausstecher (ca. 8 cm Ø) jeweils einen Kreis ausstechen.

2.

Die Butter in einer großen Pfanne schmelzen. Brotscheiben hineinlegen und bei mittlerer Hitze 3 Min. braten, dann wenden.

3.

Eier aufschlagen und in die Löcher der Brotscheiben gleiten lassen.

4.

Brotscheiben mit den Eiern 3–5 Min. weiterbraten, bis die Eier gar sind.

ZUTATEN FÜR 2 PERSONEN:

große Bauern- brotscheiben	2
Butter	2 EL
Eier (M)	2

PERFEKT DAZU:

Zum Spiegelei 2.0 Pesto, süßscharfe Chilisauce oder feuriges Tabasco servieren. Zum Auftunken von Resten ausgestochene Brotkreise mit auf den Teller legen.

Zubereitung 5 Min.

+ Garzeit 8 Min.

Kalorien 305 kcal pro Portion

EI IM BRÖTCHEN

1.

Den Backofen auf 220° vorheizen. Die Brötchen aufschneiden und das Innere aushöhlen.

2.

Brötchenhälften mit Butter bestreichen. Eier aufschlagen und in die ausgehölten Brötchen gleiten lassen. Salzen und pfeffern.

3.

Die Brötchen auf den Rost legen und im Ofen (Mitte) 12–15 Min. backen.

ZUTATEN FÜR 2 PERSONEN:

große Brötchen	2
Butter	2 TL
Eier (M)	4
Salz & Pfeffer	

1A RESTEVERWERTUNG:

Das ausgelöste Innere zerkrümeln und in 1 EL Butter goldbraun rösten. Mit Salz, Paprikapulver oder Kräutern bestreuen. Über Salate oder Suppen streuen.

Zubereitung   5 Min.

+ Backzeit   15 Min.

Kalorien   365 kcal pro Portion

1.

Den Backofen auf 220° vorheizen. Ein Backblech mit Backpapier auslegen.

2.

Das Brot mit einem Brot-messer im Abstand von 2 cm erst längs, dann quer tief einschneiden, sodass ein Gittermuster entsteht.

3.

Knoblauch schälen, durch die Presse drücken und mit Öl und Kräutern mischen. Käse in kleine Scheiben schneiden.

4.

Brot auf das Blech legen. Käse und Salami in den Einschnitten des Brots verteilen. Das Kräuteröl darüberträufeln.

5.

Das Kräuter-Brot im Ofen (Mitte) 10 Min. backen. Dann auf den Tisch stellen, damit sich jeder Stücke abzupfen kann.

VEGETARISCHE VERSION:

2 gewürfelte Tomaten mit 300 g geriebenem Mozza-rella in den Einschnitten verteilen und 2 EL Pesto darüber verteilen.

ZUTATEN FÜR 6 PERSONEN:

Mischbrot	1 (1 kg)
Knoblauchzehe	1
Olivenöl	3 EL
ital. TK-Kräuter	1 TL
würziger Käse (z. B. Gruyère oder Cheddar)	300 g
Salamischeiben	200 g

 Zubereitung   10 Min.

 + Backzeit   10 Min.

 Kalorien   655 kcal pro Portion

KRÄUTER-ZUPFBROT

OFEN-BREZELN

1.

Den Backofen auf 200° vorheizen. Ein Backblech mit Backpapier auslegen.

2.

Weinsauerkraut abtropfen lassen und mit Schmand vermischen. Den Schinken in Stücke zupfen.

3.

Die Brezeln nebeneinander auf das Blech legen. Zuerst das Sauerkraut, dann den Schinken darauf verteilen.

4.

Die Brezeln mit dem Käse bestreuen. Im Ofen (Mitte) 10 Min. backen.

ZUTATEN FÜR 2 PERSONEN:

Weinsauerkraut	120 g
Schmand	2 EL
Brezeln	2
Schwarzwälder Schinken- scheiben	2
geriebener Bergkäse	4 EL

LIEBER OHNE SCHINKEN?

Schinken durch 1 Ananasscheibe (Dose) ersetzen und mit 1 Prise Currypulver bestreuen.

Zubereitung   5 Min.

+ Backzeit   10 Min.

Kalorien   310 kcal pro Portion

CIABATTA À LA FRANÇAISE

1.

Den Backofen auf 220° vorheizen. Den Knoblauch schälen. Die Petersilie abbrausen, trocken schütteln und die Blätter abzupfen.

2.

Knoblauch und Petersilie mit Oliven und Öl im Blitzhacker zerkleinern. Käse in Scheiben schneiden.

3.

Von den Brötchen jeweils einen flachen Deckel abschneiden und das Innere aushöhlen (Resteverwertung, siehe S. 41).

4.

Zwei Drittel der Olivenmischung in die Brötchen füllen. Mit Camembert belegen, übrige Füllung darauf verteilen.

5.

Die Brötchen auf den Rost legen und im Ofen (Mitte) 7–10 Min. backen. Mit den Deckeln servieren.

ZUTATEN FÜR 2 PERSONEN:

Knoblauchzehe	1
Petersilie	4 Stängel
Oliven (entsteint)	60 g
Olivenöl	2 EL
Camembert	60 g
Ciabatta-Brötchen	2

Zubereitung   10 Min.

+ Backzeit   10 Min.

Kalorien   445 kcal pro Portion

TOAST »POMMES«

1.

Das Ei in einem tiefen Teller mit der Milch verquirlen. Salzen, pfeffern.

2.

Die Butter in einer großen Pfanne zerlassen.

3.

Toastscheiben in die Eiermilch tauchen, sodass sie rundrum gut bedeckt sind.

4.

Toasts in die Pfanne geben und bei mittlerer Hitze auf beiden Seiten in je 2–3 Min. goldbraun braten.

5.

Toasts aus der Pfanne nehmen, mit Currypulver bestreuen und in schmale Streifen schneiden. Mit Ketchup servieren.

EINFACH SÜSS!

Toasts in die Eiermilch tauchen und in der Butter braten. Mit 2 ½ EL Zimtzucker bestreuen, fertig.

ZUTATEN FÜR 2 PERSONEN:

Ei (L)	1
Milch	4 EL
Butter	2 EL
große Toastscheiben	2
Currypulver	½ TL
Ketchup	3 EL
Salz & Pfeffer	

Zubereitung 5 Min.

+ Garzeit 6 Min.

Kalorien 275 kcal pro Portion

1.

Den Grill des Backofens vorheizen. Die Zwiebel schälen und in dünne Ringe schneiden.

2.

Von den Toastscheiben die Ränder abschneiden. Die Toasts mit einem Nudelholz flach rollen.

3.

Toasts mit saurer Sahne bestreichen und auf ein Backblech legen.

4.

Die Toasts mit Gouda, Schinkenwürfeln und den Zwiebelringen belegen.

5.

Im Ofen (oben) unter dem Grill in 3–5 Min. knusprig backen. Sofort servieren.

ACHTUNG:

Das Grillen im Ofen geht fix. Deshalb die Toasts gut im Auge behalten, damit sie nicht verbrennen.

ZUTATEN FÜR 2 PERSONEN:

kleine Zwiebel	1
Toastscheiben	6
saure Sahne	50 g
geriebener Gouda	50 g
geräucherte Schinken-würfel	50 g

Zubereitung   10 Min.

+ Backzeit   5 Min.

Kalorien   350 kcal pro Portion

FLAMMKUCHEN-TOASTS

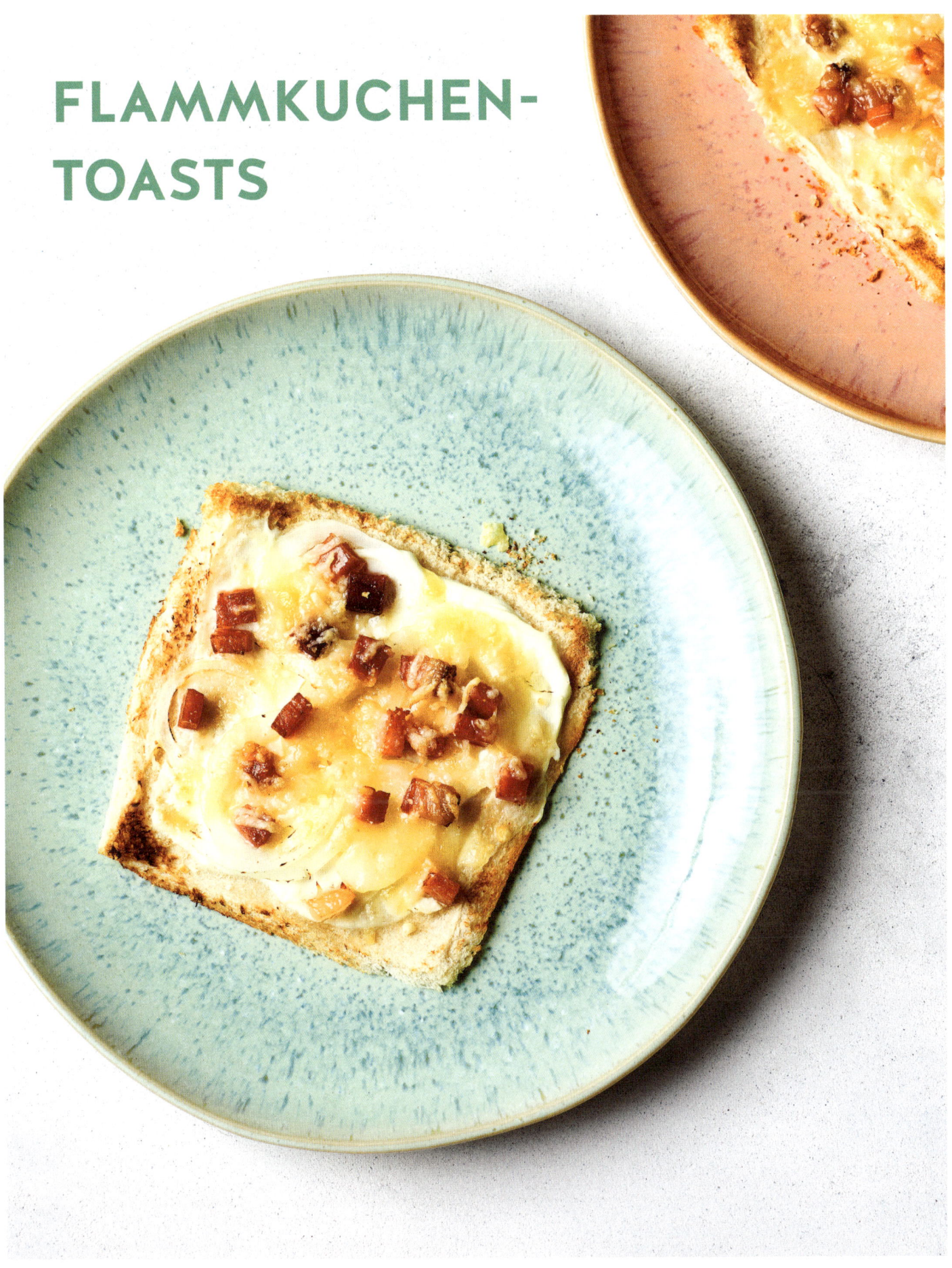

SÜSSKARTOFFEL-SANDWICH

1.

Rucola abbrausen und trocken schütteln. Tomate waschen und in dünne Scheiben schneiden.

2.

Süßkartoffel waschen und aus der Mitte 2 Scheiben (ca. 1 cm dick) schneiden. (Reste z. B. für eine Suppe verwenden).

3.

Die Süßkartoffelscheiben im Toaster auf höchster Stufe zwei- bis dreimal toasten, bis sie gebräunt sind und Blasen werfen.

ZUTATEN FÜR 2 PERSONEN:

Rucola	1 Handvoll
Tomate große	1
Süßkartoffel	1 (450 g)
Hummus	2 EL
Salz & Pfeffer	

4.

Süßkartoffel mit Hummus bestreichen, mit Tomate und Rucola belegen. Mit Salz und Pfeffer würzen.

Zubereitung   15 Min.

+ Garzeit   –

Kalorien   195 kcal pro Portion

SÜSSKARTOFFEL-SUPPE

1.

Kichererbsen im Sieb abtropfen lassen. Knoblauch, Zwiebel und Süßkartoffel schälen, klein würfeln.

2.

Öl in einem Topf erhitzen. Darin Zwiebel und Knoblauch andünsten.

3.

Süßkartoffel, Kichererbsen und Harissa dazugeben. Gemüsebrühe dazugießen.

ZUTATEN FÜR 2 PERSONEN:

Kichererbsen (Dose)	130 g
Knoblauchzehe	1
kleine Zwiebel	1
Süßkartoffel	200 g
Olivenöl	1 TL
Harissa	3 EL
Gemüsebrühe	400 ml
Joghurt	2 EL

4.

Alles 10 Min. abgedeckt bei mittlerer Hitze köcheln lassen, dann pürieren. Den Joghurt unterrühren.

Zubereitung   10 Min.

+ Garzeit   10 Min.

Kalorien   365 kcal pro Portion

MASCARPONE-TOMATEN-BROTE

1.

Das Brot toasten. Knoblauch schälen. Tomaten waschen und mit einem spitzen Messer ein paar Mal einstechen.

2.

Öl in einer Pfanne erhitzen. Darin die Tomaten 3 Min. bei mittlerer Hitze braten. Salzen und pfeffern.

3.

Zucker, Essig und Thymian in die Pfanne geben und alles durchschwenken.

4.

Den Knoblauch durch die Presse drücken und unter die Tomaten mischen.

5.

Die Brote mit Mascarpone bestreichen, die Tomaten darauf verteilen.

LECKER DAZU: SALAT!

2 TL Pesto, 1 EL Joghurt, 3 EL Buttermilch, Salz und Pfeffer verrühren. Unter 150 g Salat-Mix mischen.

ZUTATEN FÜR 2 PERSONEN:

Krustenbrot-scheiben	2
Knoblauchzehe	1
Kirschtomaten	200 g
Olivenöl	1 EL
Zucker	1 Prise
Aceto balsamico	1 TL
TK-Thymian	½ TL
Mascarpone	2 EL
Salz & Pfeffer	

 Zubereitung   15 Min.

 + Garzeit   –

Kalorien   245 kcal pro Portion

1.

Das Mehl mit Backpulver, Joghurt und ½ TL Salz in einer Schüssel mit den Knethaken des Handrührgeräts 2 Min. kneten.

2.

1 EL Olivenöl auf der Arbeitsfläche verteilen. Den Teig darauf mit den Händen 1 Min. gut durchkneten.

3.

Teig vierteln, zu Kugeln rollen, in Frischhaltefolie einschlagen und 5 Min. im Kühlschrank ruhen lassen.

4.

Übriges Öl auf der Arbeitsfläche verteilen. Darauf jede Teigkugel mit einem Nudelholz dünn ausrollen.

5.

Eine Grillpfanne (ersatzweise eine Bratpfanne) bei großer Hitze richtig heiß werden lassen.

6.

Flatbreads in der Pfanne nacheinander ca. 30 Sek. pro Seite rösten. Lecker mit Birne, Feta und Haselnussblättchen.

ZUTATEN FÜR 2 PERSONEN:

Mehl	150 g
Backpulver	1 TL
griechischer Joghurt	150 g
Olivenöl	2 EL
Salz	

 Zubereitung 15 Min.

 + Ruhezeit 5 Min.

 Kalorien 475 kcal pro Portion

FLATBREADS MIT JOGHURT

1.

Den Backofen auf 220° vorheizen.

2.

Von dem Brot einen Deckel abschneiden, das Unterteil aushöhlen.

3.

Das Brot innen mit Pizzasauce bestreichen. Mit der Hälfte des Mozzarellas, mit der Salami und Peperoni und zum Schluss mit dem übrigen Käse füllen.

4.

Das Pizza-Ofenbrot im Ofen (Mitte) ohne Deckel 5 Min. backen.

5.

Den Deckel aufsetzen und das Brot in weiteren 5 Min. knusprig backen. Dann in dicke Scheiben schneiden und gleich servieren.

PARTY-HIT:

Anstatt des Brots einfach ca. 10 Mini-Brötchen aushöhlen und wie beschrieben füllen. Backzeit: 5 Min. ohne Deckel, dann noch 1–2 Min. mit Deckel.

ZUTATEN FÜR 6 PERSONEN:

rundes Weiß- oder Mischbrot	1 (1 kg)
pikante Pizzasauce	120 g
geriebener Mozzarella	200 g
scharfe Salamischeiben	80 g
eingelegte Peperoni	80 g

 Zubereitung   5 Min.

 + Backzeit   10 Min.

 Kalorien   510 kcal pro Portion

PIZZA-OFENBROT

5 MIN.

SALAMI-AUFSTRICH

100 g würzige Salami in groben
Stücken mit 100 g Frischkäse,
1 TL Senf, 1 klein gewürfelten
Schalotte, 1 TL TK-Schnittlauch
und 2 EL Sahne im Blitzhacker
cremig mixen.

20 MIN.

TOMATENBUTTER

100 g weiche Butter mit 1 Knoblauchzehe, 50 g getrockneten Tomaten (in Öl) und 1 EL TK-Petersilie im Blitzhacker cremig mixen. Mit Salz und Pfeffer würzen. Vor dem Essen noch 10–15 Min. im Tiefkühlfach kühlen.

10 MIN.

ARTISCHOCKEN-FETA-AUFSTRICH

250 g Artischockenherzen (Dose) mit 1 Knoblauchzehe, den Blättern von 3 Stängeln Basilikum, 200 g Schafskäse (Feta) und 1 Spritzer Zitronensaft im Blitzhacker cremig mixen. Mit Pfeffer würzen.

Salat

& Gemüse

1.

Die Mini-Romana der Länge nach halbieren, putzen und waschen.

2.

Knoblauch schälen. Zitrone waschen und die Schale abreiben, Saft auspressen.

3.

Öl in einer Pfanne erhitzen. Darin die Salathälften mit den Schnittseiten nach unten ca. 5 Min. anbraten.

4.

Inzwischen in einer zweiten Pfanne den Speck knusprig auslassen und auf Küchenpapier entfetten, dann in Stücke brechen.

5.

Knoblauch, Zitronensaft und -schale mit Joghurt und der Mayonnaise verrühren. Salzen, pfeffern.

6.

Salatherzen und Speck auf Tellern anrichten und mit dem Dressing beträufeln. Mit Parmesan bestreuen.

ZUTATEN FÜR 2 PERSONEN:

Mini-Romana	2
Knoblauchzehe	1
Bio-Zitrone	1
Olivenöl	1 EL
Frühstücksspeck	80 g
Joghurt	50 g
Mayonnaise	50 g
geriebener	
Parmesan	2 EL
Salz & Pfeffer	

Zubereitung   15 Min.

+ Garzeit   –

Kalorien   460 kcal pro Portion

GRILLSALAT MIT ZITRONENDRESSING

1.

Die Kichererbsen in einem Sieb abtropfen lassen. Den Kürbis putzen und in kleine Würfel schneiden.

2.

Die Kokosmilch in einen Topf geben, 60 ml Wasser dazugießen, aufkochen. Die Currypaste einrühren.

3.

Die Kichererbsen und den Hokkaido mit dem Blattspinat in den Topf geben.

4.

Das Kürbiscurry abgedeckt 7 Min. bei mittlerer Hitze köcheln lassen, salzen.

5.

Mie-Nudeln dazugeben und alles offen weitere 6–7 Min. köcheln lassen.

TIPP:

Mie-Nudeln gibt es in unterschiedlichen Stärken. Schnellkochstars sind die spaghettiartigen Knäuel.

ZUTATEN FÜR 2 PERSONEN:

Kichererbsen (Dose)	110 g
Hokkaido-Kürbis	250 g
Kokosmilch	250 g
rote Currypaste	2 TL
TK-Blattspinat	50 g
Mie-Nudeln	75 g
Salz	

 Zubereitung   10 Min.

 + Garzeit   14 Min.

 Kalorien   620 kcal pro Portion

ONE-POT-KÜRBISCURRY

PILZE IN KNOB- LAUCH- SAUCE

1.

Die Champignons putzen, größere Pilze halbieren oder vierteln. Schalotte schälen und fein würfeln. Petersilie grob hacken.

2.

Knoblauchbutter in einer Pfanne zerlassen. Pilze und Schalotte darin bei mittlerer Hitze 5 Min. braten.

3.

Crème fraîche und saure Sahne unterrühren. Alles weitere 2 Min. köcheln lassen. Salzen, pfeffern.

4.

Pilze auf Teller verteilen. Mit Petersilie und Paprikapulver bestreuen. Perfekt dazu: Baguette.

ZUTATEN FÜR 2 PERSONEN:

Champignons	500 g
Schalotte	1
Petersilien- blättchen	2 EL
Knoblauchbutter	3 EL
Crème fraîche	100 g
saure Sahne	100 g
rosenscharfes Paprikapulver	¼ TL
Salz & Pfeffer	

RICHTIG KOHLDAMPF?

140 g kurze Makkaroni al dente kochen, abgießen, mit den Pilzen mischen. Mit Paprikapulver bestreuen.

 Zubereitung   10 Min.

 + Garzeit   7 Min.

 Kalorien   660 kcal pro Portion

BOHNEN MIT CURRY-CASHEWS

1.

Bohnen waschen, putzen und in 4-cm-Stücke teilen. In wenig Salzwasser in 8–10 Min. bissfest kochen.

2.

Inzwischen die Butter in einer Pfanne zerlassen. Currypulver dazugeben und untermischen.

3.

Cashewkerne in der Currybutter 2–3 Min. braten, bis sie damit überzogen sind, dann grob hacken.

4.

Den Knoblauch schälen, durchpressen und mit Joghurt, Essig, Senf, Salz und Pfeffer verrühren.

ZUTATEN FÜR 2 PERSONEN:

grüne Bohnen	300 g
Butter	1 EL
Currypulver	1 ½ TL
Cashewkerne	60 g
Knoblauchzehe	1
Joghurt	2 EL
Apfelessig	2 TL
körniger Senf	2 TL
Salz & Pfeffer	

5.

Die Bohnen abgießen und mit dem Joghurtdressing vermischen. Cashewkerne darüberstreuen.

Zubereitung   15 Min.

+ Garzeit   –

Kalorien   295 kcal pro Portion

SÜSSKARTOFFELRÖSTIS MIT KRÄUTERRAHM

1.

Saure Sahne, Mayonnaise und Kräuter verrühren. Mit Salz und Pfeffer würzen.

2.

Süßkartoffel schälen und grob raspeln. Frühlingszwiebeln waschen, putzen, in dünne Ringe schneiden.

3.

Das Ei in einer Schüssel verquirlen. Süßkartoffel, Frühlingszwiebeln und das Mehl untermischen. Teig salzen und pfeffern.

4.

In einer Pfanne 1 EL Öl erhitzen. Die Hälfte des Teigs hineingeben und bei mittlerer Hitze auf beiden Seiten in je 3-5 Min. goldbraun braten.

5.

Das Rösti aus der Pfanne nehmen, warm halten. Aus dem übrigen Teig im restlichen Öl wie beschrieben ein zweites Rösti braten.

6.

Röstis mit dem Kräuterrahm auf Teller verteilen und servieren.

ZUTATEN FÜR 2 PERSONEN:

saure Sahne	150 g
Mayonnaise	50 g
TK-Gartenkräuter	2 TL
Süßkartoffel	200 g
Frühlingszwiebeln	2
Ei (M)	1
Mehl	1 EL
Olivenöl	2 EL
Salz & Pfeffer	

Zubereitung   10 Min.

+ Garzeit   10 Min.

Kalorien   530 kcal pro Portion

1.

Den Brokkoli putzen, waschen und in möglichst kleine Röschen teilen.

2.

Die Schalotte schälen und in feine Würfel schneiden.

3.

Brokkoli und Schalotten mit den Cranberrys und Mandelblättchen in eine Schüssel geben.

4.

Joghurt, Essig und Zucker verrühren. Dressing mit Salz und Pfeffer würzen.

5.

Dressing in die Schüssel geben und den Brokkoli-Slaw gut durchmischen.

DIE PERFEKTE KOMBI:

2 Seelachsfilets (à 150 g) salzen und pfeffern, in 2 EL Mehl wenden und in 2 EL Olivenöl in 2–3 Min. knusprig braten. Zum Brokkoli-Slaw servieren.

ZUTATEN FÜR 2 PERSONEN:

Brokkoli	250 g
große Schalotte	1
getrocknete Cranberrys	50 g
Mandelblättchen	4 EL
Joghurt	125 g
Apfelessig	2 EL
Zucker	½ TL
Salz & Pfeffer	

Zubereitung   15 Min.

+ Garzeit   –

Kalorien   270 kcal pro Portion

BROKKOLI-SLAW MIT CRANBERRYS

1.

Die Penne nach Packungs-anweisung in Salzwasser bissfest garen.

2.

Inzwischen Kirschtomaten waschen und halbieren.

3.

Den Salat putzen, waschen und klein schneiden.

4.

Frühstücksspeck in grobe Stücke schneiden und in einer Pfanne bei großer Hitze knusprig auslassen.

5.

Saure Sahne und Ketchup verrühren und mit Salz und Pfeffer würzen.

6.

Die Penne abgießen, kurz abschrecken und lauwarm mit allen anderen Zutaten mischen.

ZUTATEN FÜR 2 PERSONEN:

Penne	150 g
Kirschtomaten	150 g
Mini-Romana	1 (150 g)
Frühstücks- speck	70 g
saure Sahne	50 g
Ketchup	3 EL
Salz & Pfeffer	

Zubereitung 15 Min.

+ Garzeit –

Kalorien 455 kcal pro Portion

BLT-NUDELSALAT

SPEED-REZEPTE
SUPPEN

10 MIN.

EXPRESS-MINESTRONE

300 g mediterrane TK-Gemüse-mischung, 500 ml Gemüsebrühe und 1 TL Tomatenmark in einem Topf aufkochen. 200 g Tortellini (Kühlregal, Füllung nach Gusto) dazugeben und alles ca. 3 Min. weitergaren. Den Topf vom Herd nehmen, 1 TL Pesto einrühren. Minestrone auf Teller verteilen, mit Parmesanspänen bestreuen.

15 MIN.

TOMATENSUPPE

1 Schalotte, 1 Stange Sellerie und 1 kleine Möhre – alles grob gewürfelt – mit 400 g stückigen Tomaten (Dose) im Blitzhacker fein pürieren. Mit 100 ml Milch und 50 g Sahne in einen Topf geben, 10 Min. köcheln lassen. Mit Salz und Pfeffer würzen.

20 MIN.

SALATSUPPE

1 klein gewürfelte Zwiebel und 1 gehackte Knoblauchzehe in 1 EL Olivenöl
3 Min. andünsten. 1 Mini-Romana in
groben Streifen und 3 Stängel Petersilie
mit 400 ml Gemüsebrühe in den Topf
geben. Alles erhitzen, die Suppe 5 Min.
köcheln lassen, dann mit einem Pürier-
stab fein pürieren. Mit Salz, Pfeffer und
1 TL Zitronensaft abschmecken. Auf
Teller verteilen und mit 3 Radieschen
in feinen Scheiben garnieren.

1.

Kartoffeln und Gemüse putzen und waschen. Den Knoblauch schälen.

2.

Die Kartoffeln samt Schale 2 cm groß würfeln. Paprika und Zucchino in 3–4 cm große Stücke schneiden.

3.

Butter und Öl in einer Pfanne erhitzen. 1 Knoblauchzehe dazupressen und kurz anbraten.

4.

Kartoffeln, Gemüse und 2 TL Kräuter dazugeben und alles durchmischen. Abgedeckt 10 Min. bei mittlerer Hitze dünsten.

5.

Übrigen Knoblauch durchpressen und mit Quark, Milch und den restlichen Kräutern verrühren. Mit Salz und Pfeffer würzen.

6.

Das Gemüse offen weitere 3 Min. bei großer Hitze unter Rühren braten, bis es rundherum gebräunt ist. Mit dem Quark servieren.

ZUTATEN FÜR 2 PERSONEN:

Baby-Kartoffeln	300 g
Zucchino	1
rote Paprika	1
Knoblauchzehen	2
Butter	1 EL
Olivenöl	1 EL
gemischte TK-Kräuter	4 TL
Magerquark	150 g
Milch	5 EL
Salz & Pfeffer	

Zubereitung   25 Min.

+ Garzeit   –

Kalorien   315 kcal pro Portion

KARTOFFEL-GEMÜSE-PFANNE

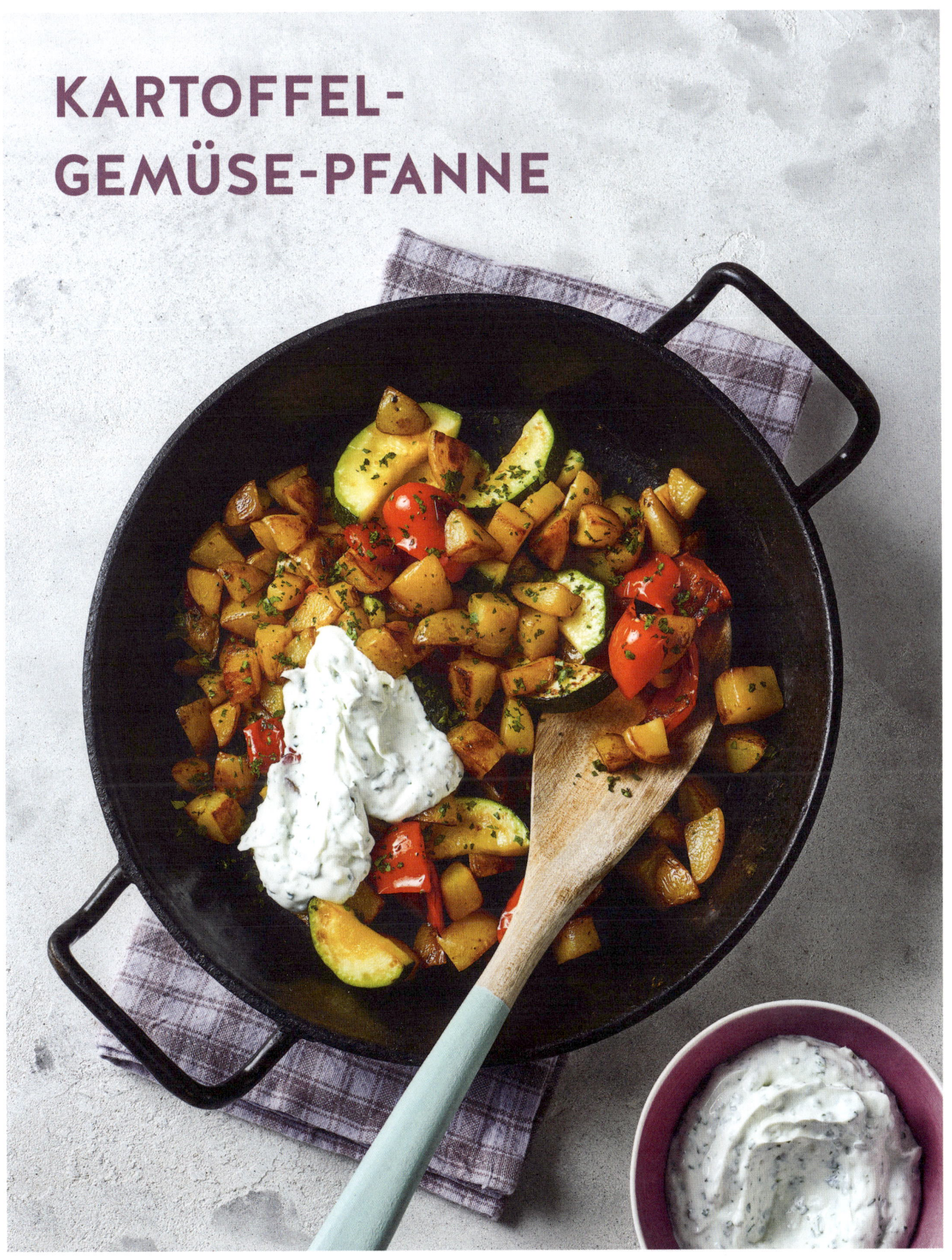

NIZZA-NUDELSALAT

1.

Farfalle nach Packungs-anweisung in Salzwasser bissfest garen.

2.

Inzwischen die Eier in ausreichend Wasser in ca. 10 Min. hart kochen.

3.

Sardinenfilets abtropfen lassen und in kleine Stücke zerpflücken. Die Oliven in dünne Ringe schneiden. Die Schalotte schälen.

4.

Schalotte, Crème fraîche, Kapern, Cornichons und Zitronensaft im Blitzhacker fein zerkleinern. Dressing salzen und pfeffern.

5.

Die Nudeln in ein Sieb ab-gießen, kalt abschrecken, abtropfen lassen. Eier kalt abschrecken, schälen und achteln oder grob würfeln.

6.

Alle Salatzutaten in eine Schüssel geben und mit dem Dressing vermischen.

ZUTATEN FÜR 2 PERSONEN:

Farfalle	150 g
Eier (M)	3
Sardinenfilets (in Olivenöl)	80 g
Oliven (entsteint)	50 g
kleine Schalotte	1
Crème fraîche	100 g
Kapern	2 EL
Cornichons	3
Zitronensaft	2 EL
Salz & Pfeffer	

Zubereitung   20 Min.

+ Garzeit   –

Kalorien   735 kcal pro Portion

1.

Reisnudeln mit kochend heißem Wasser übergießen und je nach Sorte 3–8 Min. ziehen lassen.

2.

Chinakohl und Frühlingszwiebeln putzen, waschen, fein schneiden. Minze abbrausen, trocken schütteln und die Blätter zerzupfen.

3.

Die Hähnchenbrust in kleine Stücke schneiden. Die Nudeln abgießen und gut abtropfen lassen.

4.

Knoblauch schälen, durchpressen und mit Zucker, Öl, Limettensaft und der Fischsauce verrühren.

5.

Alle Salatzutaten in eine Schüssel geben und mit dem Dressing vermischen.

EINKAUFSTIPP:

Gegarte Hähnchenbrust gibt es im Supermarkt (Kühlregal) – meist ungewürzt – als ganze Filets oder in Streifen. Perfekt für die schnelle Küche!

ZUTATEN FÜR 2 PERSONEN:

Reisnudeln	50 g
Chinakohl	125 g
Frühlingszwiebel	1
Minze	3 Stängel
Hähnchenbrust (gegart, Tipp)	250 g
Knoblauchzehe	1
Zucker	2 TL
Öl	3 EL
Limettensaft	2 EL
Fischsauce	3 EL

 Zubereitung   15 Min.

 + Garzeit   –

 Kalorien   455 kcal pro Portion

KNACKIGER REISNUDELSALAT

1.

Die Linsen in Salzwasser in ca. 10 Min. bissfest garen.

2.

Avocado halbieren, Kern entfernen. Fruchtfleisch mit dem Löffel aus der Schale lösen und klein würfeln.

3.

Den Schafskäse grob zerbröckeln. Die Mango schälen, das Fruchtfleisch in kleinen Stücken vom Kern schneiden.

4.

Koriandergrün abbrausen, trocken schütteln und grob hacken. Linsen abgießen.

5.

Alle vorbereiteten Zutaten mit der Buttermilch und dem Zitronensaft in einer Schüssel mischen.

6.

Linsensalat mit Salz und Chiliflocken abschmecken.

ZUTATEN FÜR 2 PERSONEN:

rote Linsen	60 g
kleine Avocado	1
Schafskäse	100 g
kleine Mango	1
Koriandergrün	6 Stängel
Buttermilch	50 g
Zitronensaft	3 EL
Chiliflocken	¼ TL
Salz	

Zubereitung   20 Min.

+ Garzeit   –

Kalorien   570 kcal pro Portion

LINSENSALAT MIT MANGO UND SCHAFSKÄSE

BROTSALAT MIT BUTTERMILCH

1.

Die Salatgurke waschen, längs halbieren und die Kerne mit einem Löffel abschaben. Die Gurke in kleine Stücke schneiden.

2.

Radieschen und Frühlingszwiebel putzen, waschen und fein schneiden. Die Tomaten waschen und halbieren. Alles mit der Gurke in eine Schüssel geben.

3.

Die Petersilie abbrausen und trocken schütteln, Blätter grob hacken und unter den Salat mischen.

4.

Knoblauch schälen, durchpressen. Zitrone waschen, Schale abreiben und Saft auspressen. Alles mit der Buttermilch verrühren. Kräftig salzen und pfeffern.

5.

Das Fladenbrot in kleine Stücke zupfen und in der Buttermilch wenden.

6.

Fladenbrot und Buttermilch zum Gurken-Tomaten-Salat geben, gut durchmischen. Salat mit Salz und Pfeffer abschmecken.

ZUTATEN FÜR 2 PERSONEN:

Bio-Salatgurke	150 g
Radieschen	5
Frühlingszwiebel	1
Kirschtomaten	130 g
Petersilie	¼ Bund
Knoblauchzehe	1
Bio-Zitrone	½
Buttermilch	200 g
Fladenbrot	100 g
Salz & Pfeffer	

Zubereitung   15 Min.

+ Garzeit   –

Kalorien   195 kcal
pro Portion

SPEED-REZEPTE AVOCADO

10 MIN.

BLITZ-GUACAMOLE

Fruchtfleisch 1 vollreifen Avocado, 3 Kirschtomaten, 1 Knoblauchzehe und 1 kleine Schalotte mit 2 EL Limettensaft und 1 EL TK-Koriander im Blitzhacker fein pürieren. Mit Salz und Chiliflocken abschmecken. Schmeckt toll zu Minutensteaks, Flatbreads (S. 54) Tortilla-Chips (S. 34) und als Brotaufstrich.

15 MIN.

AVOCADO-HALLOUMI-SANDWICH

Fruchtfleisch 1 vollreifen Avocado mit der Gabel zu Mus zerdrücken und mit 125 g grob geraspeltem Halloumi verrühren. 4 Scheiben Brot dünn mit Butter bestreichen. 2 Brotscheiben wenden (Butterseite zeigt nach unten) und mit Avocado-Käse-Creme bestreichen. Übrige Brotscheiben auflegen (Butterseite nach oben). Eine beschichtete Pfanne erhitzen und die Sandwiches darin in 2–3 Min. pro Seite knusprig braten. Zum Schluss mit 1 Knoblauchzehe einreiben.

20 MIN.

GEBACKENE AVOCADO MIT SALSA

1 vollreife Avocado längs halbieren und entkernen,
das Fruchtfleisch rautenförmig einschneiden. 5 klein
gewürfelte Kirschtomaten, 1 gehackte Schalotte,
1 TL Olivenöl, 1 EL geriebenen Käse (z. B. Mozzarella)
und 1 EL TK-Koriander mischen. Die Salsa mit Salz und
Chiliflocken würzig abschmecken. Die Avocadohälften
in eine feuerfeste Form legen und die Salsa gleichmäßig
in den Mulden des Kerns verteilen. Im 200° heißen
Ofen (Mitte) 10 Min. backen.

1.

Die Linsen nach Packungs-anweisung in Salzwasser bissfest garen.

2.

Inzwischen die Oliven und die Salami klein schneiden. Die Mozzarella-Kugeln nach Wunsch halbieren.

3.

Kirschtomaten waschen und halbieren. Die Zwiebel schälen und in feine Ringe schneiden.

4.

Olivenöl mit Essig und Kräutern verrühren. Das Dressing mit Salz und Pfeffer würzen.

5.

Die Linsen abgießen und sofort mit dem Dressing mischen. Dann alle übrigen Zutaten untermischen.

EINKAUFSTIPP:

Kurzkoch-Linsen im Koch-beutel sind in nur 5 Min. gar. Alternative: Tempo-Linsen. Sie brauchen zwar 10 Min., können dafür aber frei portioniert werden.

ZUTATEN FÜR 2 PERSONEN:

Kurzkoch-Linsen	2 Beutel (à 62 g)
Oliven (entsteint)	8
Mini-Salami	70 g
Mini-Mozzarella	100 g
Kirschtomaten	100 g
rote Zwiebel	1
Olivenöl	3 EL
Aceto balsamico	1 EL
ital. TK-Kräuter	2 TL
Salz & Pfeffer	

Zubereitung   15 Min.

+ Garzeit   –

Kalorien   700 kcal pro Portion

INSALATA »PRONTO«

1.

Kartoffeln waschen und je nach Größe halbieren oder vierteln. In Salzwasser ca. 10 Min. bissfest garen.

2.

Inzwischen eine Pfanne erhitzen. Darin die Speck-würfel knusprig auslassen.

3.

Knoblauch schälen, durch-pressen. Mit Senf, Honig, Öl, Essig und 2 EL Wasser verrühren. Dressing mit Salz und Pfeffer würzen.

4.

Die Petersilie abbrausen und trocken schütteln, die Blätter fein hacken.

5.

Die Kartoffeln abgießen und mit Speck, Dressing und Petersilie in einer Schüssel mischen. Salat mit Salz und Pfeffer ab-schmecken.

SPEEDTIPP:

Baby-Kartoffeln haben eine sehr zarte Schale, die man mitessen und sich so das Schälen sparen kann.

ZUTATEN FÜR 2 PERSONEN:

Baby-Kartoffeln	600 g
Speckwürfel	100 g
Knoblauchzehe	1
Senf	2 TL
Honig	1 TL
Olivenöl	2 EL
Rotweinessig	1 EL
Petersilie	½ Bund
Salz & Pfeffer	

 Zubereitung 15 Min.

 + Garzeit –

 Kalorien 435 kcal pro Portion

WARMER KARTOFFELSALAT

1.

Die Kichererbsen in einem Sieb abtropfen lassen. Den Schafskäse zerkrümeln.

2.

Den Rucola abbrausen und trocken schütteln. Zwiebel schälen und fein würfeln.

3.

Alle vorbereiteten Zutaten in einer Schüssel mischen.

4.

Die Haut der Chorizo abziehen, Chorizo in kleine Würfel schneiden.

5.

Eine kleine Pfanne bei mittlerer Hitze erwärmen. Darin die Chorizowürfel in 5–7 Min. knusprig braten.

6.

Chorizo samt Bratfett und Zitronensaft ebenfalls in die Schüssel geben. Den Salat gut durchmischen. Salzen und pfeffern.

ZUTATEN FÜR 2 PERSONEN:

Kichererbsen	
(Dose)	215 g
Schafskäse	120 g
Rucola	50 g
kleine Zwiebel	1
Chorizo	125 g
Zitronensaft	4 EL
Salz & Pfeffer	

 Zubereitung   10 Min.

 + Garzeit   7 Min.

   730 kcal
Kalorien   pro Portion

KICHERERBSEN-RUCOLA-SALAT

Pasta, Reis,

Quinoa & Co.

SPAGHETTI MIT AVOCADOPESTO

1.

Spaghetti nach Packungs-anweisung in Salzwasser bissfest garen.

2.

Inzwischen Knoblauch schälen und vierteln. Die Basilikumblätter von den Stängeln zupfen.

3.

Knoblauch, Basilikum, Zitronensaft, Pinienkerne und Olivenöl in einem Blitzhacker fein mixen.

4.

Das Fruchtfleisch der Avocado mit einem Löffel aus der Schale lösen.

5.

Die Avocado in den Mixer geben und alles zu einem Pesto mixen. Mit Salz und Pfeffer würzen.

6.

Spaghetti abgießen, mit dem Pesto vermischen und auf Teller verteilen. Schafs-käse darüberkrümeln und die Chiliflocken darüber-streuen (wer mag, kann sie aber auch weglassen).

ZUTATEN FÜR 2 PERSONEN:

Spaghetti	200 g
Knoblauchzehe	1
Basilikum	4 Stängel
Zitronensaft	3½ EL
Pinienkerne	1 EL
Olivenöl	2 EL
Avocado	½
Schafskäse	50 g
Chiliflocken	¼ TL
Salz & Pfeffer	

Zubereitung   20 Min.

+ Garzeit   –

Kalorien   630 kcal pro Portion

1.

Die Penne nach Packungs-
anweisung in Salzwasser
bissfest garen.

2.

Inzwischen Zwiebel und
Knoblauch schälen und in
kleine Würfel schneiden.

3.

Öl in einer Pfanne erhitzen.
Darin Zwiebel und Knob-
lauch 5 Min. bei mittlerer
Hitze andünsten.

4.

Mais samt Einlegflüssig-
keit in die Pfanne geben
und 5 Min. köcheln lassen.
Salzen und pfeffern.

5.

Die Hälfte des Mais mit
der sauren Sahne in einen
Blitzhacker geben und
cremig pürieren.

6.

Penne abgießen und ab-
tropfen lassen. Mit dem
Maispüree in die Pfanne
geben, alles mischen.
Perfekt dazu: Tabasco.

ZUTATEN FÜR 2 PERSONEN:

Penne	180 g
Zwiebel	1
Knoblauchzehe	1
Olivenöl	1 EL
Mais (Dose)	300 g
saure Sahne	75 g
Salz & Pfeffer	

Zubereitung   20 Min.

+ Garzeit   –

Kalorien   580 kcal
pro Portion

PASTA MIT MAIS

CHILI CON QUINOA

1.

Die Quinoa in einem Sieb abbrausen und abtropfen lassen. Die Bohnen ebenfalls abtropfen lassen.

2.

Zwiebel und Knoblauch schälen und fein würfeln. Öl in einer Pfanne erhitzen. Zwiebel und Knoblauch darin andünsten.

3.

Kidneybohnen mit Quinoa, Tomaten und Paprikapulver in die Pfanne geben.

4.

Die Bohnenmischung mit 100 ml Wasser auffüllen, salzen. Das Chili 12 Min. offen bei mittlerer Hitze kochen lassen, dabei ab und zu umrühren.

5.

Das Chili con Quinoa auf Teller verteilen und nach Belieben noch garnieren (siehe rechts).

EXTRA LECKER:

Chili mit 1 TL gemahlenem Kreuzkümmel verfeinern und vor dem Servieren noch mit saurer Sahne und Koriandergrün garnieren.

ZUTATEN FÜR 2 PERSONEN:

bunte Quinoa	100 g
Kidneybohnen (Dose)	250 g
rote Zwiebel	1
Knoblauchzehe	1
Olivenöl	1 EL
stückige Tomaten (Dose)	400 g
rosenscharfes Paprikapulver	2 TL
Salz	

Zubereitung   10 Min.

+ Garzeit   12 Min.

Kalorien   400 kcal pro Portion

ONE-POT-MAC'N'CHEESE

1.

Butter in einem großen Topf bei mittlerer Hitze zerlassen. Mehl mit dem Schneebesen einrühren.

2.

100 ml Milch dazugießen und unter Rühren köcheln lassen, bis sie andickt.

3.

Dann die restliche Milch und 350 ml Wasser unterrühren. Die Sauce mit Salz und Pfeffer würzen.

4.

Jetzt mit einem Kochlöffel weiterrühren, bis die Sauce aufkocht.

5.

Makkaroni dazugeben und unter weiterem Rühren in ca. 7 Min. bissfest garen. Vom Herd nehmen.

6.

Den Käse so lange unterrühren, bis alles cremig verbunden ist. Mit Salz und Pfeffer abschmecken.

ZUTATEN FÜR 2 PERSONEN:

Butter	2 EL
Mehl	2 EL
Milch	240 ml
kurze Makkaroni	140 g
geriebener Käse	150 g
Salz & Pfeffer	

Zubereitung   10 Min.

+ Garzeit   7 Min.

Kalorien   745 kcal pro Portion

POLENTA MIT TOMATENSAUCE

1.

Knoblauch schälen und grob hacken. Öl in einem Topf erhitzen. Knoblauch und Chili 30 Sek. anbraten.

2.

Tomaten dazugeben und bei mittlerer Hitze 5 Min. offen köcheln lassen. Mit Salz abschmecken.

3.

375 ml Wasser aufkochen, salzen. Polenta einrühren und bei mittlerer Hitze unter Rühren in 2–3 Min. zu einem Brei kochen.

4.

Polenta vom Herd nehmen und Parmesan und Butter unterrühren. Die Zitrone waschen, Schale abreiben.

ZUTATEN FÜR 2 PERSONEN:

Knoblauchzehe	1
Olivenöl	2 EL
Chiliflocken	1 Prise
stückige Tomaten (Dose)	400 g
Instant-Polenta	80 g
geriebener Parmesan	4 EL
Butter	2 EL
Bio-Zitrone	½
Salz	

5.

Polenta und Tomatensauce auf Teller verteilen. Mit der Zitronenschale bestreuen.

Zubereitung   10 Min.

+ Garzeit   8 Min.

Kalorien   430 kcal pro Portion

CURRY-COUSCOUS MIT TOFU

1.

Den Couscous und die Erbsen in eine Schüssel geben und vermischen.

2.

Brühe aufkochen und über die Couscous-Mischung gießen. Abgedeckt 5 Min. quellen lassen.

3.

Möhre schälen und grob raspeln. Tofu klein würfeln, Cashewkerne grob hacken.

ZUTATEN FÜR 2 PERSONEN:

Couscous	100 g
TK-Erbsen (aufgetaut)	100 g
Gemüsebrühe	200 ml
Möhre	1
Tofu	100 g
Cashewkerne	2 EL
Currypulver	1 ½ TL
Olivenöl	1 EL
Salz & Pfeffer	

4.

Cashewkerne, Möhre, Tofu, Curry und Öl unter den Couscous mischen. Salzen und pfeffern.

Zubereitung   10 Min.

+ Garzeit   –

Kalorien   365 kcal pro Portion

1.

Spaghetti nach Packungs-
anweisung in Salzwasser
bissfest garen.

2.

Inzwischen den Brokkoli
putzen, waschen und in
Röschen teilen. Den Knob-
lauch schälen. Beides im
Blitzhacker zerkleinern.

3.

Öl in einer Pfanne erhitzen.
Brokkoli und Knoblauch
darin bei mittlerer Hitze
4 Min. anbraten.

4.

Chiliflocken, Zitronensaft,
Sahne und die Petersilie
unterrühren.

5.

Mit einer Suppenkelle
150 ml Nudelkochwasser
abschöpfen und in die
Pfanne geben. Die Sauce
3 Min. köcheln lassen.

6.

Spaghetti abgießen, in die
Pfanne geben, alles durch-
mischen. Salzen, pfeffern.
Mit Parmesan servieren.

ZUTATEN FÜR 2 PERSONEN:

Spaghetti	160 g
Brokkoli	200 g
Knoblauchzehen	2
Olivenöl	1 EL
Chiliflocken	½ TL
Zitronensaft	2 EL
Sahne	130 g
TK-Petersilie	3 EL
geriebener	
Parmesan	2 EL
Salz & Pfeffer	

Zubereitung   20 Min.

+ Garzeit   –

Kalorien   620 kcal
pro Portion

CHILI-BROKKOLI-SPAGHETTI

1.

Die Paprika putzen und waschen, Zwiebel schälen, Chorizo enthäuten. Alles klein würfeln.

2.

Öl in einem Topf erhitzen. Darin Chorizo, Paprika und Zwiebel bei mittlerer Hitze 5 Min. anbraten.

3.

Die Garnelen und Erbsen dazugeben und ca. 2 Min. mitbraten, bis sich die Garnelen rosa färben.

4.

Den Reis aus dem Beutel dazurieseln lassen und 50 ml Wasser aufgießen, alles gut vermischen.

5.

Die Blitz-Paella 3 Min. offen köcheln lassen. Mit Salz abschmecken.

ECHTE WUNDERWAFFE:

Der 2-Minuten-Reis im Beutel ist ratzfatz gar. Gibt es als Basmati-, Jasmin- oder Langkornreis – einfach mal ausprobieren.

ZUTATEN FÜR 2 PERSONEN:

rote Paprika	1
kleine Zwiebel	1
Chorizo	100 g
Olivenöl	1 EL
Garnelen (roh, küchenfertig)	200 g
TK-Erbsen	100 g
2-Minuten-Reis	1 Beutel (125 g)
Salz	

Zubereitung 10 Min.

+ Garzeit 10 Min.

Kalorien 585 kcal pro Portion

BLITZ-PAELLA

SPEED-REZEPTE
SATTMACHER

15 MIN.

PAPRIKA-COUSCOUS-SALAT

125 g Couscous mit 1 Prise Salz und 250 ml kochend heißem Wasser abgedeckt ca. 10 Min. quellen lassen. Dann mit dem Saft von ½ Zitrone, 1 TL Paprikamark und 2 EL Olivenöl vermischen. 2 klein gewürfelte Tomaten, 2 Frühlingszwiebeln in dünnen Ringen und 1 Handvoll gehackte Petersilie untermischen.

15 MIN.

BULGUR-JOGHURT-SUPPE

75 g Bulgur in einer Schüssel mit so viel kochend heißem Wasser übergießen, dass es 2 cm über dem Bulgur steht. 5 Min. quellen lassen. Dann mit ½ grob geraspelten Salatgurke, 1 fein gewürfelten Schalotte, 1 durchgepressten Knoblauchzehe, 350 g Joghurt, 1 TL TK-Dill und 1 EL Olivenöl verrühren. Mit Salz und Pfeffer würzen.

15 MIN.

KÄSE-SPINAT-QUINOA

75 g Quinoa im Sieb abbrausen.
Mit 225 ml Wasser und 1 Prise Salz
in einem Topf erhitzen und 12 Min.
abgedeckt köcheln lassen. 1 fein gewürfelte Schalotte und 1 durchgepresste Knoblauchzehe in 1 EL Butter
2 Min. andünsten. Erst 1 TL Mehl mit
dem Schneebesen unterrühren, dann
250 ml Milch. Köcheln lassen, bis
die Sauce cremig ist. 60 g TK-Blatt-
spinat in der Sauce auftauen lassen.
Quinoa (falls nötig abtropfen lassen)
und 100 g geriebenen Mozzarella
unterrühren. Salzen und pfeffern.

BUNTE GNOCCHI-PFANNE

1.

Die Schalotte schälen und klein würfeln. Chorizo enthäuten, grob würfeln und im Blitzhacker zerkleinern.

2.

Die Grillpaprika abtropfen lassen, dabei das Öl auffangen. Paprika in nicht zu kleine Stücke schneiden.

3.

1 EL Paprikaöl in einer Pfanne erhitzen. Chorizo und Schalotte darin 2 Min. anbraten.

4.

Gnocchi in die Pfanne geben und bei mittlerer Hitze rundherum 3–5 Min. braten. Spinat waschen und trocken schleudern.

5.

Paprika und Spinat untermischen und kurz weiterbraten, bis der Spinat zusammengefallen ist.

6.

Pfanne vom Herd nehmen, Gnocchi mit geriebenem Parmesan servieren.

ZUTATEN FÜR 2 PERSONEN:

kleine Schalotte	1
Chorizo	50 g
Grillpaprika (in Olivenöl)	100 g
Pfannen-Gnocchi (Kühlregal)	400 g
Baby-Blattspinat	75 g
geriebener Parmesan	2 EL

Zubereitung   20 Min.

+ Garzeit   –

Kalorien   515 kcal pro Portion

RAHM-CHICKEN-PENNE

1.

Die Penne nach Packungs-anweisung in Salzwasser bissfest garen.

2.

Inzwischen Hähnchenbrust in mundgerechte Stücke schneiden. Pilze putzen, in dünne Scheiben schneiden.

3.

Öl in einer Pfanne erhitzen. Hähnchenbrust und Pilze darin scharf anbraten. Mit Salz und Pfeffer würzen. Die Hitze reduzieren.

4.

Alles bei mittlerer Hitze 5 Min. weiterbraten, dabei ab und zu umrühren. Sahne untermischen und 2 Min. einköcheln lassen.

5.

Die Penne abgießen, in die Pfanne geben, alles durch-mischen. Mit Pesto und Käse auf Teller verteilen.

ZUTATEN FÜR 2 PERSONEN:

Penne	140 g
Hähnchenbrust	250 g
Champignons	200 g
Olivenöl	1 EL
Sahne	200 g
Pesto	100 g
geriebener Parmesan	3 EL
Salz & Pfeffer	

Zubereitung   20 Min.

+ Garzeit   –

Kalorien   990 kcal pro Portion

BRATWURST-PENNE

1.

Knoblauch und Zwiebel schälen, hacken. Paprika putzen, waschen und wie die Bratwürste in grobe Stücke schneiden.

2.

Öl in einer Pfanne erhitzen. Darin Bratwürste, Zwiebel, Knoblauch und Paprika 5 Min. bei mittlerer Hitze anbraten.

3.

Die Penne nach Packungsanweisung in Salzwasser bissfest garen.

4.

Rosmarin, Tomaten und 50 ml Wasser in die Pfanne geben. Salzen und pfeffern. Den Bratwurst-Mix offen 10 Min. schmoren lassen.

ZUTATEN FÜR 2 PERSONEN:

Knoblauchzehe	1
Zwiebel	1
gelbe Paprika	2
grobe Bratwürste	2
Olivenöl	1 EL
Penne	150 g
getrockneter Rosmarin	½ TL
stückige Tomaten (Dose)	400 g
Salz & Pfeffer	

5.

Penne abgießen, in die Pfanne geben und alles vermischen. Servieren.

Zubereitung   25 Min.

+ Garzeit   –

Kalorien   730 kcal pro Portion

ZUCCHINI-ZITRONEN-MAKKARONI

1.

Knoblauch schälen, die Chili putzen und waschen. Beides fein hacken. Die Zucchini waschen, putzen und klein würfeln.

2.

Die Makkaroni nach Packungsanweisung in Salzwasser bissfest garen.

3.

Öl in einer Pfanne erhitzen. Darin Knoblauch, Chili und Zucchini bei mittlerer Hitze 5 Min. anbraten.

4.

Zitrone waschen, Schale abreiben, Saft auspressen. Beides in die Pfanne geben, die Hitze reduzieren.

5.

Den Parmesan dazugeben und einrühren, bis eine cremige Sauce entsteht.

6.

Die Makkaroni abgießen, in die Pfanne geben und mit der Sauce vermischen. Mit Salz abschmecken.

ZUTATEN FÜR 2 PERSONEN:

Knoblauchzehe	1
kleine Chili-schote	1
Zucchini kurze	300 g
Makkaroni	150 g
Olivenöl	1 EL
Bio-Zitrone geriebener	1
Parmesan	4 EL
Salz	

Zubereitung   20 Min.

+ Garzeit   –

Kalorien   405 kcal pro Portion

ASIA-NUDELPFANNE

1.

Die Mie-Nudeln nach Packungsanweisung bissfest garen.

2.

Inzwischen Knoblauch schälen und durchpressen. Mit Sojasauce, Honig und Sesam verrühren.

3.

Das Hüftsteak in dünne Streifen schneiden und in die Sauce geben. Die Zuckerschoten waschen, putzen und halbieren.

4.

Die Nudeln abgießen und beiseitestellen.

5.

Öl im Wok oder in einer großen Pfanne erhitzen. Die Steakstreifen aus der Sauce nehmen und im Öl 2 Min. scharf anbraten.

6.

Zuckerschoten, Nudeln und übrige Sauce in die Pfanne geben, alles vermischen. Noch 1 Min. garen, dann servieren.

ZUTATEN FÜR 2 PERSONEN:

Mie-Nudeln	100 g
Knoblauchzehen	2
Sojasauce	6 EL
Honig	3 EL
Sesam	2 TL
Rinderhüftsteak	200 g
Zuckerschoten	100 g
Öl	1 EL

 Zubereitung   20 Min.

+ Garzeit   –

 Kalorien   585 kcal pro Portion

1.

Den Zucchino waschen, putzen und klein würfeln.

2.

Die kleinen Hähnchen-unterschenkel waschen, mit Küchenpapier trocknen und mit Ras el Hanout rundrum einreiben.

3.

Öl in einer Pfanne erhitzen. Hähnchenschenkel darin rundrum 5 Min. scharf an-braten. Hitze reduzieren.

4.

Couscous, Rosinen und Zucchiniwürfel in die Pfanne geben, die Hühner-brühe dazugießen.

5.

Alles erst abgedeckt 8 Min. bei mittlerer Hitze köcheln lassen, dann in 2–3 Min. offen fertiggaren. Salzen.

6.

Die Mandelblättchen in einer zweiten Pfanne gold-braun rösten, über den Couscous streuen.

ZUTATEN FÜR 2 PERSONEN:

Zucchino	1
kleine Hähnchen-unterschenkel	500 g
Ras el Hanout	2 TL
Öl	1 EL
Couscous	85 g
Rosinen	2 EL
Hühnerbrühe	320 ml
Mandelblättchen	2 EL
Salz	

Zubereitung   5 Min.

+ Garzeit   16 Min.

Kalorien   785 kcal pro Portion

COUSCOUSPFANNE
»1001 NACHT«

Burger,

Tacos & Co.

1.

Den Backofen auf 180° vorheizen. Das Fischfilet in Stäbchen (ca. 5 × 2 cm) schneiden.

2.

Mehl mit ½ TL Salz, Chili und Koriander in einem tiefen Teller vermischen. Fischstücke rundherum im Gewürzmehl wälzen.

3.

Den Salat in die einzelnen Blätter teilen, putzen und waschen. Die Tomaten waschen und halbieren oder vierteln.

4.

Die Taco-Shells im Ofen (Mitte) 5 Min. erwärmen.

5.

Öl in einer Pfanne erhitzen. Darin die Fischstücke auf jeder Seite in 2–3 Min. knusprig braten, dann auf Küchenpapier entfetten.

6.

Die Taco-Shells mit Salat, Tomaten und dem Fisch füllen und gleich essen. Perfekt dazu: Chili-Mango-Sauce darüberträufeln.

ZUTATEN FÜR 2 PERSONEN:

weißes Fischfilet (ohne Gräten)	400 g
Mehl	3 EL
Chiliflocken	1 Prise
gemahlener Koriander	½ TL
Mini-Romana	1
Kirschtomaten	10
Taco-Shells	4
Öl	5 EL
Salz	

 Zubereitung   15 Min.

 + Garzeit   –

 Kalorien   470 kcal pro Portion

FISCH-TACOS

SPEED-REZEPTE
TACOS

15 MIN.

VEGGIE-TACOS

1 fein gewürfelte Zwiebel und 2 gehackte Knoblauchzehen in 1 EL Olivenöl andünsten. 240 g Kidneybohnen (Dose), ½ TL Chiliflocken, ½ TL gemahlenen Kreuzkümmel, 1 Prise Zimtpulver und Salz dazugeben. Alles 10 Min. offen bei mittlerer Hitze köcheln lassen, dann mit dem Kartoffelstampfer zerdrücken. Inzwischen 4–6 Taco-Shells im Ofen nach Packungsanweisung erwärmen. 1 klein gewürfelte Avocado, 2 klein gewürfelte Tomaten, 50 g zerkrümelten Schafskäse, 3 EL gehacktes Koriandergrün, 1 EL Olivenöl und 1 EL Limettensaft vermischen. Taco-Shells mit dem Bohnenstampf und dem Avocadosalat füllen.

15 MIN.

CHICKEN-TACOS

1 Tomate und 1 Schalotte im Blitzhacker mit 2 EL BBQ-Sauce und 1 TL Tomatenmark fein mixen. 300 g Hähnchenbrust in dünnen Streifen salzen und pfeffern. Mit 140 g Mais (Dose) und 2 Zwiebeln in dünnen Ringen in 1 EL Olivenöl unter Rühren 3–5 Min. scharf anbraten. Inzwischen 4–6 Taco-Shells im Ofen nach Packungsanweisung erwärmen. Taco-Shells mit den Hähnchenstreifen füllen und die Tomatensalsa darüberträufeln. Mit je 1 TL saurer Sahne garnieren.

15 MIN.

THAI-TACOS

300 g gemischtes Hackfleisch mit 2 durchgepressten Knoblauchzehen, 1 EL fein gehacktem Ingwer und 1 Chilischote in feinen Ringen in 1 EL Öl unter Rühren 5 Min. scharf anbraten. Vom Herd nehmen und 3 EL Sojasauce, Saft von ½ Limette und 1 EL Ahornsirup untermischen. Inzwischen 4–6 Taco-Shells im Ofen nach Packungsanweisung erwärmen. Taco-Shells mit 4–6 Mini-Romanablättern, der Hackmischung, 3 Frühlingszwiebeln in feinen Ringen und 3 EL grob gehackten Erdnüssen füllen.

1.

Den Grill des Backofens vorheizen. Ein Backblech mit Alufolie auslegen.

2.

Lachsfilet mit der Hautseite nach unten auf das Blech legen. Das Filet im Abstand von 2 cm bis auf die Haut einschneiden.

3.

Lachs mit der BBQ-Sauce bestreichen, salzen und pfeffern. Im Ofen (oben) 8–10 Min. grillen.

4.

Inzwischen die Salatgurke waschen und in ganz dünne Scheiben schneiden. Dill, Joghurt und Mayonnaise verrühren. Salzen, pfeffern.

5.

Die Hamburger-Brötchen aufschneiden und kurz vor Ende der Grillzeit in den Ofen legen und knusprig aufbacken.

6.

Den Lachs aus dem Ofen nehmen. Das Filet mit zwei Gabeln in Stückchen von der Haut zupfen, salzen.

ZUTATEN FÜR 2 PERSONEN:

Lachsfilet (mit Haut)	200 g
BBQ-Sauce	4 EL
Bio-Salatgurke	50 g
TK-Dill	2 TL
Joghurt	4 EL
Mayonnaise	4 EL
Hamburger-Brötchen XXL	2
Salz & Pfeffer	

7.

Hamburger-Brötchen mit Dill-Mayo bestreichen, mit Gurke und Lachs belegen.

Zubereitung 20 Min.

+ Garzeit –

Kalorien 570 kcal pro Portion

PULLED-LACHS-BURGER

QUESADILLA »HAWAII«

1.

Den Hähnchenbrustaufschnitt klein würfeln. Die Ananasstücke in einem Sieb abtropfen lassen.

2.

1 Tortilla in die Pfanne legen und bei mittlerer Hitze 1 Min. erwärmen.

3.

Mit der Hälfte der BBQ-Sauce bestreichen. Mit der Hälfte des Aufschnitts und Cheddars, der Ananas und Jalapeños belegen.

4.

Füllung mit einer zweiten Tortilla abdecken, leicht andrücken.

5.

Die Quesadilla wenden und ca. 2 Min. rösten, bis der Käse geschmolzen ist. Die zweite Quesadilla genauso zubereiten.

6.

Quesadillas auf einem Holzbrett wie Pizzas in Dreiecke schneiden.

ZUTATEN FÜR 2 PERSONEN:

Hähnchenbrustaufschnitt	100 g
Ananasstücke (Dose)	100 g
Mais-Tortillas	4
BBQ-Sauce	4 EL
geriebener Cheddar	120 g
Jalapeño-Ringe	4 EL

Zubereitung 15 Min.

+ Garzeit –

Kalorien 685 kcal pro Portion

1.

Zucchino, Paprika und Aubergine putzen, waschen und klein schneiden. Die Zwiebel schälen und in grobe Würfel schneiden.

2.

In einer Pfanne 1½ EL Öl erhitzen. Darin Gemüse und Zwiebel 3–5 Min. scharf anbraten. Hitze reduzieren, 75 ml Wasser und 2 TL Harissa unterrühren.

3.

Gemüse bei mittlerer Hitze weitere 5 Min. köcheln lassen, bis die Flüssigkeit verkocht ist. Salzen.

4.

Fladenbrot halbieren. Die Hälften so einschneiden, dass Taschen entstehen. Die Brote in einer zweiten Pfanne 3 Min. auf jeder Seite erwärmen.

5.

Knoblauch schälen, durchpressen und mit Joghurt, übrigem Öl und 1 Prise Salz verrühren. Den Ketchup mit übrigem Harissa verrühren.

6.

Fladenbrot innen auf einer Seite mit Knoblauchsauce und auf der anderen mit Harissasauce bestreichen. Das Gemüse einfüllen.

ZUTATEN FÜR 2 PERSONEN:

Zucchino	1
rote Paprika	1
kleine Aubergine	1
kleine Zwiebel	1
Fladenbrot	½
Olivenöl	2 EL
Harissa	3 TL
Knoblauchzehe	1
Joghurt	60 g
Ketchup	2 EL
Salz	

Zubereitung   20 Min.

+ Garzeit   –

Kalorien   505 kcal pro Portion

GEMÜSE-DÖNER

BRATWURST-BURGER

1.

Senf und saure Sahne
verrühren. Mit Salz und
Pfeffer abschmecken.

2.

Eine Pfanne erhitzen. Die
Bratwurstschnecken darin
bei mittlerer Hitze auf jeder
Seite in 3–5 Min. knusprig
und gar braten.

3.

Die Laugenbrötchen auf-
schneiden und mit Butter
bestreichen.

4.

Den Krautsalat auf den
unteren Brötchenhälften
verteilen.

5.

Die Bratwurstschnecken
auf den Salat legen und mit
dem Senfrahm bestreichen.
Mit den oberen Brötchen-
hälften abdecken.

AUSTAUSCHTIPP:

Statt der Wurstschnecken
kann man auch kleine
Nürnberger (4 pro Burger)
braten und die Brötchen
damit belegen.

ZUTATEN FÜR 2 PERSONEN:

Senf	2 EL
saure Sahne	2 EL
Bratwurst-	
schnecken	2
Laugenbrötchen	2
Butter	2 TL
Weißkrautsalat	
(Kühlregal)	4 EL
Salz & Pfeffer	

Zubereitung   5 Min.

+ Garzeit   10 Min.

Kalorien   470 kcal
pro Portion

1.

Den Backofen auf 210° vorheizen. Acht Mulden einer 12er-Muffinform mit etwas Butter einfetten oder einzelne Silikon-Förmchen verwenden.

2.

Die übrige Butter in einem Topf bei kleiner Hitze zerlassen. Würstchen vierteln.

3.

Zucker und Ei mit den Rührbesen des Handrührgeräts verrühren.

4.

Buttermilch, Maismehl, Weizenmehl, Backpulver, 1 Prise Salz und die Butter dazugeben. Alles zu einem glatten Teig verrühren.

5.

Je 2 EL Teig in jede Formmulde füllen, in die Mitte 1 Wienerstück stecken.

6.

Die Muffins im Ofen (Mitte) in ca. 15 Min. goldbraun backen. Herausnehmen und kurz abkühlen lassen.

ZUTATEN FÜR 8 STÜCK:

Butter	70 g
Wiener Würstchen	2
Zucker	3 EL
Ei (L)	1
Buttermilch	125 g
Maismehl	65 g
Weizenmehl	65 g
Backpulver	1 TL
Salz	

Zubereitung 10 Min.

+ Backzeit 15 Min.

Kalorien 220 kcal pro Stück

CORN-DOG-MUFFINS

1.

Essig, Zucker, 3 EL Wasser und 1 Prise Salz in einem Topf aufkochen. Rühren, bis der Zucker gelöst ist.

2.

Den Reis aus dem Beutel in den Topf rieseln lassen und 2 Min. bei kleiner Hitze garen. Vom Herd nehmen und offen abkühlen lassen.

3.

Die Nori-Blätter mit der glänzenden Seite nach unten nebeneinander auf die Arbeitsfläche legen.

4.

Reis gleichmäßig auf den Nori-Blättern verteilen, dabei rundherum einen kleinen Rand frei lassen.

5.

In der Mitte jedes Blattes in einem Längsstreifen den Lachs flach auslegen. Mit Frischkäse bestreichen.

6.

Snack-Gurken waschen, längs vierteln und auf dem Frischkäse verteilen.

ZUTATEN FÜR 2 PERSONEN:

Weißweinessig	5 EL
Zucker	2 EL
2-Minuten-Reis (Tipp, S. 108)	1 Beutel (125 g)
Nori-Blätter	2
Räucherlachs-scheiben	100 g
Frischkäse	5 EL
Snack-Gurken	2
Salz	

7.

Die Ränder der beiden Nori-Blätter befeuchten und einschlagen, dann die Blätter von einer Seite her straff aufrollen.

Zubereitung　10 Min.

+ Garzeit　2 Min.

Kalorien　550 kcal pro Portion

SUSHI-BURRITO

MINI-CROISSANT-PIZZAS

1.

Den Backofen auf 190° vorheizen. Die Mulden einer 6er-Muffinform mit dem Olivenöl einfetten.

2.

Die Champignons putzen und wie die Salami in kleine Würfel schneiden.

3.

Croissant-Teig entrollen und in die vorgesehenen Stücke trennen, die Dreiecke halbieren.

4.

Je 1 Teigstück so in jede Formmulde legen, dass der Formboden bedeckt ist.

5.

Tomatensauce, Pilze und die Salami auf dem Teig verteilen. Dick mit dem Cheddar bestreuen.

6.

Die Pizzas im Ofen (Mitte) in 10-15 Min. goldbraun backen. Herausnehmen und gleich essen.

ZUTATEN FÜR 6 STÜCK:

Olivenöl	½ TL
Champignons	50 g
Mini-Salami	50 g
Croissants-Teigstücke (z. B. Knack & Back)	3
Arrabbiata-Tomatensauce	6 TL
geriebener Cheddar	50 g

Zubereitung   10 Min.

+ Backzeit   15 Min.

Kalorien   435 kcal pro Stück

GOURMET DOG

1.

Den Camembert in dünne Scheiben schneiden. Senf und Konfitüre verrühren. Den Rucola abbrausen und trocken schütteln.

2.

Die Zwiebel schälen, in dünne Ringe schneiden und gleichmäßig mit dem Mehl bestäuben.

3.

Öl in einer Pfanne erhitzen. Darin die Zwiebelringe bei mittlerer Hitze in 3–5 Min. goldbraun braten. Wiener in heißem Wasser erhitzen.

4.

Baguettes aufschneiden, aufklappen und mit dem Himbeer-Senf bestreichen. Mit Camembert belegen.

ZUTATEN FÜR 2 PERSONEN:

Camembert	100 g
Senf	1 EL
Himbeerkonfitüre	1 TL
Rucola	1 Hand-voll
rote Zwiebel	1
Mehl	1 TL
Öl	5 EL
Wiener Würstchen	2
Mini-Baguettes	2

5.

Würstchen auf den Käse legen und mit Rucola und Röstzwiebeln garnieren. Die gefüllten Baguettes zusammenklappen.

Zubereitung   15 Min.

+ Garzeit   5 Min.

Kalorien   585 kcal pro Portion

VEGGIE DOG

1.

Die Möhren schälen und in Salzwasser in 10 Min. bissfest kochen. Mais in einem Sieb abtropfen lassen.

2.

Koriandergrün abbrausen, trocken schütteln und fein hacken. Mit Mais, Öl und Chili vermischen, salzen.

3.

Den Joghurt mit dem Tahin glatt verrühren. Baguettes aufschneiden, aufklappen.

ZUTATEN FÜR 2 PERSONEN:

dünne Möhren	2
Mais (Dose)	140 g
Koriandergrün	6 Stängel
Olivenöl	2 EL
Chiliflocken	¼ TL
Joghurt	3 EL
Tahin	2 EL
Mini-Baguettes	2
Salz	

4.

Die Baguettes mit Joghurtsauce bestreichen, mit den Möhren und dem Mais-Mix belegen. Gefüllte Baguettes zusammenklappen.

Zubereitung   15 Min.

+ Garzeit   –

Kalorien   635 kcal pro Portion

1.

Gewürzgurken in dünne Scheiben schneiden. Die Tomaten waschen und je nach Größe halbieren oder vierteln.

2.

Den Eisbergsalat putzen, waschen und in schmale Streifen schneiden.

3.

Öl in einer Pfanne erhitzen. Darin das Rinderhack unter Rühren scharf anbraten, bis es krümelig ist. Mit Salz und Pfeffer würzen.

4.

Die Tortillas mit Ketchup und Senf bestreichen und mit Cheddar bestreuen.

5.

Rinderhack, Tomaten, Gewürzgurken und Salat auf den Tortillas verteilen, dabei rundherum einen kleinen Rand frei lassen.

6.

Die Ränder der Tortillas einschlagen, dann die Tortillas von unten her straff aufrollen.

ZUTATEN FÜR 2 PERSONEN:

Gewürzgurken	4
Kirschtomaten	60 g
Eisbergsalat	60 g
Olivenöl	1 EL
Rinderhack	200 g
Weizen-Tortillas	2
Ketchup	2 EL
Senf	2 TL
geriebener Cheddar	3 EL
Salz & Pfeffer	

Zubereitung   20 Min.

+ Garzeit   –

Kalorien   510 kcal pro Portion

CHEESEBURGER-WRAP

FISCHSTÄBCHEN-BURGER

1.

Den Eisbergsalat putzen, waschen und in schmale Streifen schneiden. Tomate waschen und in dünne Scheiben schneiden.

2.

Das Fischfilet in Stäbchen (ca. 8 × 3 cm) schneiden.

3.

Die Eier in einem tiefen Teller verquirlen, salzen, pfeffern. Mehl auf einem zweiten Teller, die Brösel mit dem Dill auf einem dritten Teller verteilen.

4.

Die Fischstäbchen nacheinander im Mehl wenden, durch das Ei ziehen und in den Bröseln wenden.

5.

Das Öl in einer Pfanne erhitzen. Darin die Fischstäbchen bei mittlerer Hitze auf beiden Seiten in je 3 Min. knusprig braten.

6.

Die Sesam-Brötchen aufschneiden und mit der Mayonnaise bestreichen.

ZUTATEN FÜR 2 PERSONEN:

Eisbergsalat	50 g
Tomate	1
Kabeljaufilet	250 g
Eier (M)	2
Mehl	2 EL
Semmelbrösel	100 g
TK-Dill	1 TL
Öl	3 EL
Sesam-Brötchen	2
Mayonnaise	1 EL
Salz & Pfeffer	

7.

Untere Brötchenhälften mit Salat und Tomate belegen, die Fischstäbchen darauf verteilen. Mit den oberen Brötchenhälften abdecken.

Zubereitung   15 Min.

+ Garzeit   6 Min.

Kalorien   710 kcal pro Portion

ZIEGENKÄSE-KRÄUTER-MUFFINS

1.

Den Backofen auf 220° vorheizen. Eine 6er-Muffinform mit Papierförmchen auslegen.

2.

Ziegenjoghurt, Eier und Kräuter mit einem Schneebesen verrühren. Salzen und pfeffern.

3.

Frischkäse zerkrümeln und unter die Eiermasse rühren. Das Mehl und Backpulver untermischen.

4.

Den Teig gleichmäßig auf die Muffin-Papierförmchen verteilen.

5.

Die Muffins im Ofen (Mitte) in 12–15 Min. goldbraun backen. Herausnehmen und auskühlen lassen.

SO SCHMECKT'S AUCH:

Statt der Kräuter einfach 50 g Baby-Blattspinat oder Rucola fein hacken und als Ersatz verwenden.

ZUTATEN FÜR 6 STÜCK:

Ziegenjoghurt	125 g
Eier (M)	2
gemischte TK-Kräuter	1 Pck.
Ziegenfrischkäse (Rolle oder Taler)	100 g
Mehl	125 g
Backpulver	1 ½ TL
Salz & Pfeffer	

Zubereitung   10 Min.

+ Backzeit   15 Min.

Kalorien   170 kcal pro Stück

1.

Die Butter bei kleiner Hitze zerlassen, 1 TL abmessen und beiseitestellen.

2.

Die Eier mit Milch, Butter, Dill und 1 Prise Salz in einer Schüssel verquirlen.

3.

Mehl, Backpulver und Gouda dazugeben. Alles mit den Rührbesen des Handrührgeräts zu einem glatten Teig verrühren.

4.

Waffeleisen auf höchster Stufe vorheizen und mit dem 1 TL Butter einfetten.

5.

Den Teig portionsweise in das Waffeleisen füllen und das Eisen schließen. Die Waffeln in je ca. 2 Min. goldbraun backen.

GUT BELEGT:

Waffeln mit 2 EL Frischkäse bestreichen und mit 1 Handvoll Feldsalat und 4 Scheiben Räucherlachs dick belegen.

ZUTATEN FÜR 2 PERSONEN:

Butter	60 g
Eier (M)	2
Milch	120 ml
TK-Dill	2 EL
Mehl	125 g
Backpulver	1 TL
geriebener Gouda	75 g
Salz	

Zubereitung 10 Min.

+ Backzeit 4 Min.

Kalorien 690 kcal pro Portion

KÄSEWAFFELN

1.

Den Backofen auf 220° vorheizen. Den Pizzateig samt Backpapier auf dem Backblech entrollen.

2.

Die Pizzasauce auf dem Teig verstreichen. Mozzarella in Scheiben schneiden und darauf verteilen.

3.

Den Pizzaboden im Ofen (Mitte) in ca. 10 Min. knusprig backen.

4.

Den Feldsalat waschen und putzen. Die Kirschtomaten waschen und vierteln. Den Schafskäse zerkrümeln.

5.

Feldsalat, Tomaten, Schafskäse und Oliven mit Öl und Essig mischen. Den Salat salzen und pfeffern.

6.

Den Pizzaboden aus dem Ofen nehmen und den Salat darauf verteilen.

ZUTATEN FÜR 2 PERSONEN:

Pizzateig (Kühlregal, 32 cm Ø)	280 g
Pizzasauce	5 EL
Mozzarella	125 g
Feldsalat	20 g
Kirschtomaten	100 g
Schafskäse	75 g
Olivenringe	2 EL
Olivenöl	1 EL
Aceto balsamico	1 TL
Salz & Pfeffer	

Zubereitung   20 Min.

+ Backzeit   –

Kalorien   740 kcal pro Portion

SALAT-PIZZA

Fisch

& Fleisch

1.

Den Grill des Backofens auf Maximaltemperatur vorheizen. Das Backblech mit dem Öl einfetten.

2.

Fischfilets nebeneinander auf das Backblech legen.

3.

Cashewkerne fein hacken und mit Crème fraîche und Pesto verrühren.

4.

Die Cashew-Pesto-Creme gleichmäßig auf den Fischfilets verteilen.

5.

Die Filets im Ofen (oben) ca. 7 Min. grillen, bis die Haube goldbraun ist. Dazu passt: Reis, Brot, Nudeln.

TIPP:

Die extreme Hitze des Grills mag nicht jede Auflaufform und Backpapier schon gar nicht. Perfekt dafür: das geölte Backblech.

ZUTATEN FÜR 2 PERSONEN:

Öl	1 EL
Kabeljaufilets	2 (à 150 g)
Cashewkerne	4 EL
Crème fraîche	75 g
Pesto	6 TL

 **Zubereitung** 5 Min.

 **+ Garzeit** 7 Min.

 **Kalorien** 410 kcal pro Portion

KABELJAU MIT CASHEW-PESTO-HAUBE

BACKFISCH MIT ZWIEBELRINGEN

1.

Mehl, Backpulver und Bier in einer Schüssel zu einem glatten Teig verquirlen.

2.

Die Zwiebel schälen und in ca. 1 cm breite Ringe schneiden. Die Fischfilets halbieren und mit Salz und Pfeffer würzen.

3.

Das Frittieröl in einem weiten Topf oder einer Fritteuse erhitzen. Die Zitrone waschen und in Scheiben schneiden.

4.

Fischfilets in den Bierteig tauchen, kurz abtropfen lassen und in das heiße Öl geben. In 3–4 Min. goldbraun frittieren.

5.

Fisch aus dem Öl heben und auf Küchenpapier entfetten. Die Zwiebelringe in den Bierteig tauchen und im Öl 2–3 Min. frittieren.

6.

Den Backfisch mit den Zwiebelringen auf Tellern anrichten. Mit Zitronenscheiben garnieren.

ZUTATEN FÜR 2 PERSONEN:

Mehl	200 g
Backpulver	2 TL
Bier (z. B. Pils)	330 ml
große Zwiebel	1
Seelachsfilets	2 (à 120 g)
Frittieröl	500 ml
Bio-Zitrone	1
Salz & Pfeffer	

 Zubereitung 10 Min.

 + Garzeit 7 Min.

 Kalorien 755 kcal pro Portion

LACHS MIT CURRYSAHNE

1.

Kirschtomaten, Zucker-schoten und Blattspinat waschen, putzen. Tomaten und Schoten halbieren.

2.

Die Lachsfilets auf beiden Seiten salzen und pfeffern.

3.

Öl in einer Pfanne erhitzen. Darin die Lachsfilets und die Zuckerschoten 3 Min. bei mittlerer Hitze braten.

4.

Die Filets wenden und die Tomaten dazugeben. Alles weitere 4 Min. braten.

5.

Sahne und Currypulver verrühren, in die Pfanne gießen. Kurz aufkochen, den Spinat dazugeben.

6.

Pfanne vom Herd nehmen. Lachs und Gemüse ganz kurz in der Currysahne ziehen lassen. Am besten mit Reis servieren.

ZUTATEN FÜR 2 PERSONEN:

Kirschtomaten	150 g
Zuckerschoten	100 g
Baby-	
Blattspinat	50 g
Lachsfilets	2 (à 125 g)
Olivenöl	1 EL
Sahne	100 g
Currypulver	2 TL
Salz & Pfeffer	

Zubereitung   20 Min.

+ Garzeit   –

Kalorien

485 kcal
pro Portion

GARNELENPFANNE MIT LAUCH

1.

Sojasauce, Chilisauce, Sesamöl, Honig und Essig zu einer Sauce verrühren.

2.

Den Ingwer und Knoblauch schälen und klein würfeln. Lauch putzen, waschen und in feine Streifen schneiden.

3.

Sonnenblumenöl in einer Pfanne erhitzen. Darin den Ingwer und den Knoblauch 30 Sek. scharf anbraten.

4.

Lauch dazugeben und alles weitere 5 Min. bei mittlerer Hitze braten. Die Garnelen waschen, trocken tupfen.

5.

Die Garnelen in die Pfanne geben und 3 Min. braten, bis sie rosa sind.

6.

Sauce dazugießen und kurz aufkochen. Alles gut durchmischen, servieren. Dazu passt: Reis, Nudeln, Brot.

ZUTATEN FÜR 2 PERSONEN:

Sojasauce	100 ml
Chilisauce	4 EL
Sesamöl	2 EL
Honig	2 EL
Weißweinessig	1 EL
Ingwer	4 cm
Knoblauchzehen	2
Lauch	200 g
Sonnenblumenöl	1 EL
Garnelen (roh, küchenfertig)	200 g

Zubereitung   10 Min.

+ Garzeit   8 Min.

Kalorien   375 kcal pro Portion

1.

Den Backofen auf 210° vorheizen. 1 Orange heiß waschen und in dünne Scheiben schneiden.

2.

Die Orangenscheiben in der Mitte von zwei Backpapier-bögen verteilen, die Fisch-filets darauflegen.

3.

Fisch salzen und pfeffern, mit den Mandelblättchen bestreuen. Öl und Wein über den Fisch träufeln.

4.

Das Backpapier über dem Fisch zusammenfalten und die Enden wie ein Bonbon-papier zusammendrehen. Den Fisch im Ofen (Mitte) 10 Min. garen.

5.

Inzwischen übrige Orange auspressen und den Saft bei mittlerer Hitze 5 Min. einköcheln lassen. Butter in Flöckchen mit dem Schneebesen einrühren.

6.

Die Seelachsfilets aus dem Päckchen nehmen, mit der Orangenbutter auf Tellern anrichten. Schmeckt mit Reis oder einfach Brot.

ZUTATEN FÜR 2 PERSONEN:

Bio-Orangen	2
Seelachsfilets	2 (à 120 g)
Mandel-blättchen	2 EL
Olivenöl	2 EL
Weißwein	4 EL
kalte Butter	60 g
Salz & Pfeffer	

 Zubereitung 10 Min.

 + Garzeit 10 Min.

 Kalorien 540 kcal pro Portion

SEELACHSFILET IN ORANGENBUTTER

FISH-CAKES

1.

Den Thunfisch abtropfen lassen, grob zerpflücken, in eine Schüssel geben.

2.

Senf, Zitronensaft, Brösel, Ei, 1 Prise Salz und Chiliflocken dazugeben.

3.

Alles gut miteinander vermengen. Aus der Masse 4 Küchlein formen.

4.

Öl in einer Pfanne erhitzen. Darin die Fischküchlein bei mittlerer Hitze auf jeder Seite in 3–5 Min. goldbraun braten.

ZUTATEN FÜR 2 PERSONEN:

Thunfisch (in Öl, Dose)	130 g
Senf	1 TL
Zitronensaft	3 EL
Semmelbrösel	75 g
Ei (M)	1
Chiliflocken	¼ TL
Olivenöl	1 EL
Salz	

PERFEKT DAZU:

Für einen Dip 100 g Joghurt, 1 durchgepresste Knoblauchzehe, 1 EL TK-Dill, 1 EL Zitronensaft und 1 Prise Salz verrühren.

Zubereitung   5 Min.

+ Garzeit   10 Min.

Kalorien   370 kcal pro Portion

CALIFORNIA BOWL

1.

Den Reis nach Packungs-
anweisung garen. Die
Mayonnaise mit der Chili-
sauce verrühren, salzen.

2.

Die Surimi-Sticks in kleine
Stücke schneiden und mit
der Chili-Mayo mischen.

3.

Avocado halbieren, Kern
entfernen. Fruchtfleisch mit
dem Löffel aus der Schale
lösen und klein würfeln.

4.

Frühlingszwiebel putzen,
waschen und in feine Ringe
schneiden. Mit Avocado,
Zitronensaft und Olivenöl
vermischen.

ZUTATEN FÜR 2 PERSONEN:

2-Minuten-Reis (Tipp, S. 108)	1 Beutel (125 g)
Mayonnaise	2 EL
süße Chilisauce	1 EL
Surimi-Sticks	150 g
kleine Avocado	1
Frühlingszwiebel	1
Zitronensaft	2 EL
Olivenöl	1 TL
Salz	

5.

Den Reis auf Schüsseln
verteilen. Avocadosalat
und Surimi daraufgeben.

Zubereitung   15 Min.

+ Garzeit   –

Kalorien   **450 kcal pro Portion**

1.

Den Reis nach Packungs-
anweisung garen.

2.

Die Zwiebel schälen und
fein würfeln. Die Möhre
schälen und in dünne
Scheiben schneiden.

3.

Öl in Wok oder Pfanne
erhitzen. Darin Zwiebel,
Möhre und Erbsen 5 Min.
scharf anbraten.

4.

Inzwischen die Hähnchen-
brust in grobe Stücke
zerzupfen.

5.

Die Eier aufschlagen und
unter das Gemüse mischen,
dann auch den Reis, die
Hähnchenstücke und die
Sojasauce.

EXTRA LECKER:

1 EL Rapsöl durch Sesamöl
ersetzen, 1 gehackte Knoblauchzehe mit anbraten.
Zum Schluss gebratenen
Reis mit Sesam bestreuen.

ZUTATEN FÜR 2 PERSONEN:

2-Minuten-Reis (Tipp, S. 108)	1 Beutel (125 g)
Zwiebel	1
große Möhre	1
Rapsöl	2 EL
TK-Erbsen	120 g
Hähnchenbrust (gegart)	250 g
Eier (M)	2
Sojasauce	3 EL

Zubereitung   15 Min.

+ Garzeit   –

Kalorien   640 kcal pro Portion

GEBRATENER REIS MIT HÄHNCHEN

1.

Den Eisbergsalat putzen, waschen und in feine Streifen schneiden.

2.

Kokosmilch mit Erdnussbutter, Currypaste und Sojasauce in einem Topf bei kleiner Hitze zu einer cremigen Sauce verrühren. Warm halten.

3.

Die Hähnchenbrust in lange, schmale Streifen schneiden. Mit Salz und Pfeffer würzen.

4.

Öl in einer Pfanne erhitzen. Darin die Filetstreifen rundherum bei mittlerer Hitze in ca. 5 Min. knusprig braten.

5.

Salat auf Teller verteilen. Die Hähnchenbruststreifen darauflegen und die Erdnusssauce darübergießen.

LUST AUF MEHR?

Mit dem Eisbergsalat noch 200 g gegarte Reisnudeln auf dem Teller verteilen und gehackte Erdnüsse und Koriandergrün aufstreuen.

ZUTATEN FÜR 2 PERSONEN:

Eisbergsalat	150 g
Kokosmilch	100 g
Crunchy-Erdnussbutter	60 g
rote Thai-Currypaste	1 TL
Sojasauce	1 EL
Hähnchenbrust	300 g
Öl	1 EL
Salz & Pfeffer	

Zubereitung   10 Min.

+ Garzeit   5 Min.

Kalorien   555 kcal pro Portion

ERDNUSS-HÄHNCHEN

1.

Den Knoblauch schälen und durchpressen. Mit Hack, Bröseln, Milch und ½ TL Salz in einer Schüssel kräftig durchmengen.

2.

Aus der Hackmasse mit angefeuchteten Händen 10 Bällchen formen. Die Limette waschen, Schale abreiben, Saft auspressen.

3.

Öl in einer Pfanne erhitzen. Darin die Hackbällchen rundherum 2 Min. kräftig anbraten. Hitze reduzieren.

4.

Hühnerbrühe, Kokosmilch und die Currypaste in die Pfanne geben. Alles offen bei mittlerer Hitze 8 Min. köcheln lassen.

5.

175 ml Wasser erhitzen. Couscous in eine Schüssel geben, mit dem Wasser übergießen und abgedeckt 2 Min. quellen lassen.

6.

Pfanne vom Herd nehmen. Limettenschale und -saft unter die Hackbällchen mischen. Mit dem Couscous auf Teller verteilen.

ZUTATEN FÜR 2 PERSONEN:

Knoblauchzehe	1
Rinderhack	225 g
Semmelbrösel	3 EL
Milch	5 EL
Bio-Limette	½
Öl	1 EL
Hühnerbrühe	175 ml
Kokosmilch	175 g
rote Currypaste	2 TL
Couscous	125 g
Salz	

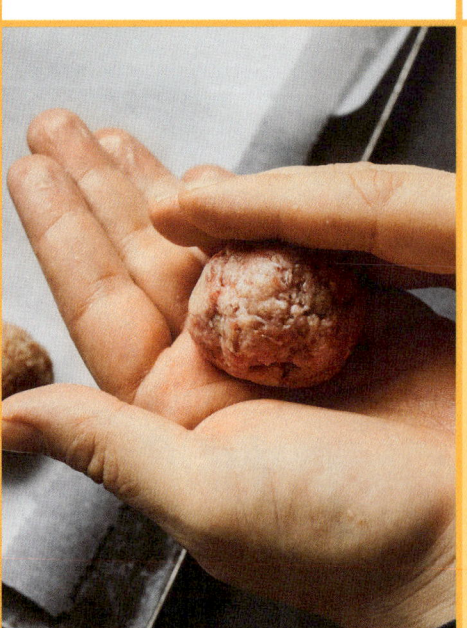

Zubereitung 20 Min.

+ Garzeit -

Kalorien 790 kcal pro Portion

HACKBÄLLCHEN IN LIMETTEN-KOKOS-SAUCE

1.

Zwiebel und 1 Knoblauch-
zehe schälen, die Paprika
putzen und waschen. Alles
im Blitzhacker zerkleinern.

2.

Rinderhack, Ei, Brösel,
Cayennepfeffer und die
Paprikamischung in einer
Schüssel durchmengen.

3.

Aus der Hack-Paprika-
Masse mit angefeuchteten
Händen 8–10 Cevapcici-
Röllchen formen.

4.

Öl in einer Pfanne erhitzen.
Darin die Hackröllchen bei
großer Hitze rundherum in
ca. 5 Min. knusprig braten.

5.

Gurke waschen und fein
reiben. Die übrige Knob-
lauchzehe schälen und
durchpressen. Beides mit
dem Joghurt verrühren.

6.

Käse klein zerkrümeln und
unter den Dip mischen. Mit
den Cevapcici servieren.

ZUTATEN FÜR 2 PERSONEN:

kleine Zwiebel	1
Knoblauchzehen	2
rote Paprika	1
Rinderhack	250 g
Ei (M)	1
Semmelbrösel	6 EL
Cayennepfeffer	½ TL
Olivenöl	1 EL
Salatgurke	100 g
Joghurt	150 g
Schafskäse	25 g

Zubereitung   20 Min.

+ Garzeit   –

Kalorien   620 kcal
pro Portion

CEVAPCICI MIT SCHAFSKÄSEDIP

SPEED-REZEPTE
SCHNITZEL

20 MIN.

PARMESAN-SCHNITZEL

1 Ei (M) in einem tiefen Teller
mit Salz und Pfeffer verquirlen.
80 g geriebenen Parmesan,
2 EL gemahlene Mandeln und
1 TL getrockneten Oregano in
einem zweiten Teller mischen.
2 Schnitzel (Kalb oder Schwein,
je 150 g) durch das Ei ziehen
und in der Parmesan-Mandel-
Mischung wenden. 2 EL Öl in
einer Pfanne erhitzen. Darin
die Schnitzel auf jeder Seite
in 3 Min. knusprig braten.

20 MIN.

CAMEMBERT-SCHNITZEL

1 Ei (M) in einem tiefen Teller mit Salz und Pfeffer verquirlen. 100 g Semmelbrösel auf einen zweiten Teller geben. 2 Schnitzel (Kalb oder Schwein, je 150 g) auf einer Seite mit 1 TL Preiselbeerkonfitüre und auf der zweiten mit 1 TL Senf bestreichen. 60 g möglichst dünne Camembertscheiben auf die Senfseite legen. Die Schnitzel durch das Ei ziehen und in den Semmelbröseln wenden. 2 EL Öl in einer Pfanne erhitzen. Darin die Schnitzel auf jeder Seite in 3 Min. knusprig braten.

20 MIN.

KNÄCKEBROT-KÖRNER-SCHNITZEL

1 Ei (M) in einem tiefen Teller mit Salz und Pfeffer verquirlen. 100 g Knäckebrot und 2 EL Sonnenblumenkerne im Blitzhacker zerkleinern und auf einen zweiten Teller geben. 2 Schnitzel (Kalb oder Schwein, je 150 g) durch das Ei ziehen und in den Knäckebröseln wenden. 2 EL Öl in einer Pfanne erhitzen. Darin die Schnitzel auf jeder Seite in 3 Min. knusprig braten.

SCHWEINEKOTELETTS MIT ÄPFELN

1.

Die Äpfel waschen, achteln und entkernen. Schalotten schälen und fein schneiden.

2.

Die Schweinekoteletts auf beiden Seiten mit Salz und Pfeffer würzen.

3.

In einer Pfanne das Öl und die Butter erhitzen. Darin die Schweinekoteletts auf beiden Seiten bei mittlerer Hitze je 3 Min. braten.

4.

Äpfel und Schalotten um die Schweinekoteletts verteilen und alles weitere 5 Min. garen. Die Koteletts aus der Pfanne nehmen.

5.

Honig mit Senf, Thymian und 75 ml Wasser in die Pfanne geben, aufkochen.

6.

Koteletts auf Teller geben, Äpfel, Schalotten und die Sauce darauf verteilen. Dazu passt: Kürbispüree mit Parmesan (S. 27).

ZUTATEN FÜR 2 PERSONEN:

kleine Äpfel	2
Schalotten	2
Schweine-koteletts	2 (à 200 g)
Olivenöl	1 EL
Butter	1 EL
Honig	1 EL
Senf	1 TL
getrockneter Thymian	½ TL
Salz & Pfeffer	

Zubereitung   10 Min.

+ Garzeit   12 Min.

Kalorien   490 kcal pro Portion

KASSLER-LAUCH-PIE

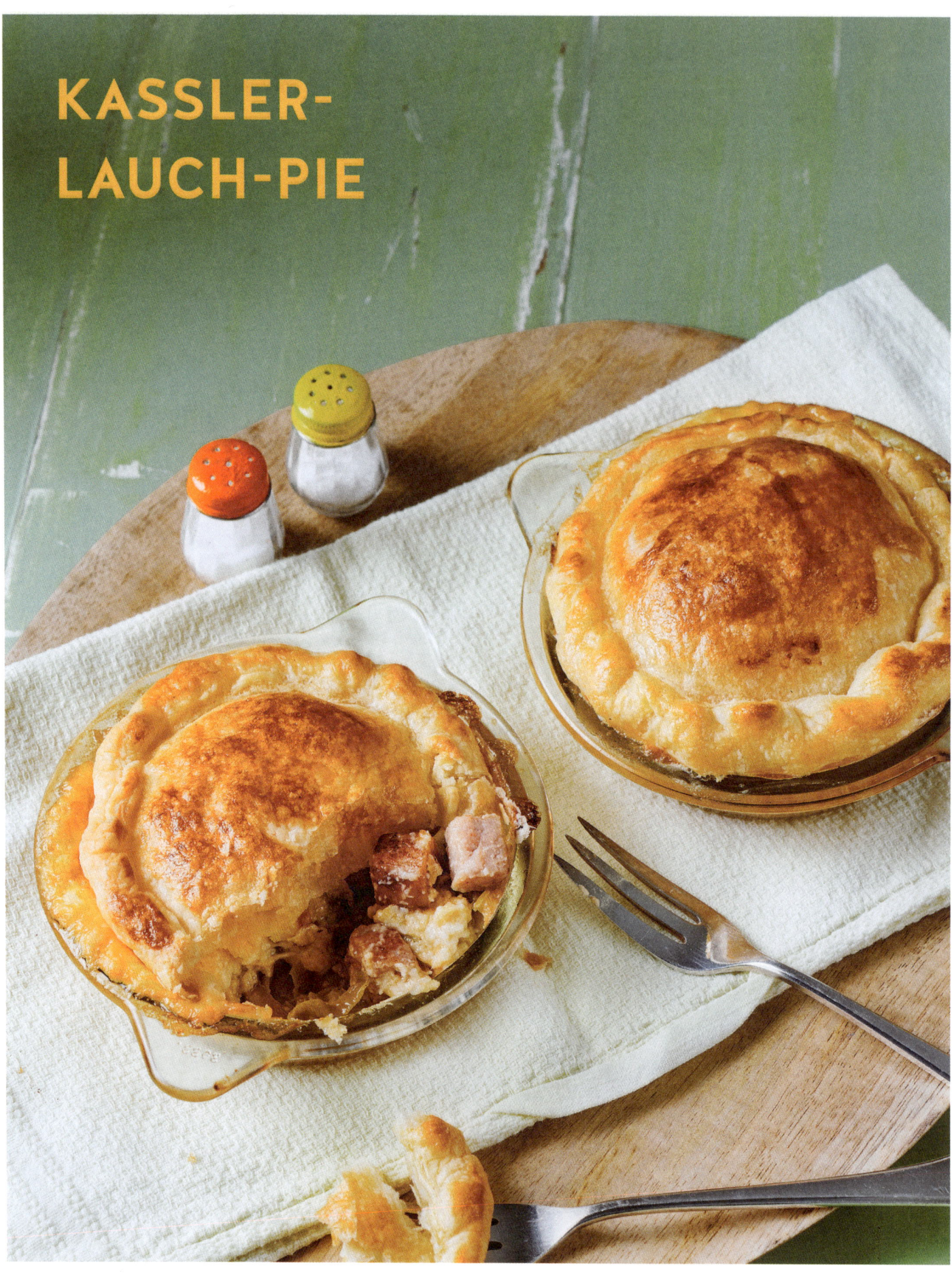

1.

Backofen auf 220° vorheizen. Kassler in kleine Stücke schneiden. Lauch putzen, waschen und in feine Ringe schneiden.

2.

Öl in einer Pfanne erhitzen. Den Lauch darin anbraten, das Kassler dazugeben.

3.

Die Stärke mit 5 EL Milch verrühren und mit der restlichen Milch in die Pfanne gießen. Bei mittlerer Hitze unter Rühren in 2–3 Min. cremig einkochen lassen.

4.

Die Pfanne vom Herd nehmen und den Cheddar unterrühren. Die Mischung auf zwei ofenfeste Formen (ca. 12 cm Ø) verteilen.

5.

Aus dem Teig 2 Kreise ein wenig größer als die Formen zuschneiden (die Teigreste anderweitig verwenden).

6.

Die Formen mit dem Teig abdecken, Ränder leicht andrücken. Die Pies im Ofen (Mitte) in ca. 10 Min. goldbraun backen.

ZUTATEN FÜR 2 PERSONEN:

Kassleraufschnitt	100 g
Lauch	160 g
Olivenöl	1 EL
Speisestärke	2 TL
Milch	400 ml
geriebener Cheddar	100 g
Blätterteig (ca. 40 × 24 cm, Kühlregal)	1 Pck.

Zubereitung   15 Min.

+ Backzeit   10 Min.

Kalorien   620 kcal pro Portion

MINUTENSTEAKS IN ZWIEBELSAUCE

1.

Die Minutensteaks mit Salz und Pfeffer würzen.

2.

Öl in einer Pfanne erhitzen. Darin die Steaks auf jeder Seite ca. 1 Min. scharf anbraten. Herausnehmen und beiseitestellen. Die Hitze reduzieren.

3.

200 ml Wasser und Sahne in die Pfanne gießen. Die Zwiebelsuppe mit einem Schneebesen einrühren.

4.

Senf und Petersilie hinzufügen und die Sauce unter Rühren bei mittlerer Hitze in 3–5 Min. cremig einköcheln lassen.

5.

Die Steaks samt dem angesammelten Bratensaft wieder in die Pfanne geben. Die Sauce mit Zitronensaft abschmecken.

DER KNÜLLER DAZU:

Die Steaks schmecken mit Kürbispüree (S. 27), Toast »Pommes« (S. 46), oder 2-Minuten-Reis.

ZUTATEN FÜR 2 PERSONEN:

Minutensteaks	4 (à 100 g)
ÖI	1 EL
Sahne	200 g
Zwiebelsuppe	1 Tüte
Senf	1 TL
TK-Petersilie	1 TL
Zitronensaft	2 EL
Salz & Pfeffer	

 Zubereitung — 10 Min.

 + Garzeit — 5 Min.

Kalorien — 640 kcal pro Portion

1.

Frühlingszwiebeln putzen, waschen, grob zerteilen. Den Knoblauch schälen, die Petersilie abbrausen.

2.

Alles mit Essig und 5 EL Öl im Blitzhacker fein hacken. Chimichurri mit Salz und Pfeffer kräftig würzen.

3.

Den Eisbergsalat putzen, waschen, in breite Streifen schneiden und auf große Teller verteilen.

4.

Das restliche Öl in einer Pfanne erhitzen. Rindersteak und Maiskolben in die Pfanne geben.

5.

Das Steak auf jeder Seite 2–3 Min. scharf anbraten. Maiskolben rundherum goldbraun braten.

6.

Steak in dünne Streifen schneiden. Die Maiskörner von dem Kolben herunterschneiden.

ZUTATEN FÜR 2 PERSONEN:

Frühlingszwiebeln	2
Knoblauchzehen	2
Petersilie	1 Bund
Rotweinessig	3 EL
Olivenöl	6 EL
Eisbergsalat	300 g
Rinderhüftsteak	250 g
Maiskolben (vorgegart)	1
Salz & Pfeffer	

7.

Steakstreifen und Mais auf dem Eisbergsalat verteilen. Chimichurri darüberlöffeln.

Zubereitung 20 Min.

+ Garzeit 6 Min.

Kalorien 600 kcal pro Portion

STEAKSALAT MIT EXPRESS-CHIMICHURRI

REGISTER

Appetit auf mehr?

IMPRESSUM

© 2018 GRÄFE UND UNZER VERLAG GmbH, München

Projektleitung: Sabine Sälzer

Lektorat, Satz/DTP, Gestaltung: schönseitig, Redaktionsbüro Christina Geiger, München

Korrektorat: Ulrike Wagner

Innengestaltung: kral&kral design, München

Umschlaggestaltung: Independent-Medien-Design, Horst Moser, München

Fotografie: Silvio Knezevic

Herstellung: Susanne Mühldorfer

Repro: Longo AG, Bozen

Druck: aprinta, Wemding

Bindung: Conzella, Pfarrkirchen

Syndication:
www.seasons.agency

ISBN 978-3-8338-6455-1
1. Auflage 2018

Titelrezept: Zutatenmix vom Veggie-Taco (S. 126)

DIE AUTORIN

Sandra Schumann ist Foodstylistin und Rezeptautorin. Ihre Leidenschaft für alles Kulinarische führte sie für einige Jahre nach Paris, wo sie bei verschiedenen Verlagen und Magazinen Kochbücher und Artikel veröffentlichte. Inzwischen lebt und arbeitet sie in Berlin und hat bei GU bereits mehrere Bücher veröffentlicht. In *Speed Cooking* tobt sie sich aus: So lecker, kreativ und ungewöhnlich einfach ging schnelle Küche noch nie!

DER FOTOGRAF

Silvio Knezevic, freier Fotograf, arbeitet in seinem Studio in München erfolgreich für verschiedene Verlage, Magazine und Unternehmen. Beim Shooting von *Speed Cooking* wurde er tatkräftig unterstützt von **Sven Christ** und **Adele Steinbeis** (Foodstyling), **Barbara Dodt** (Propstyling), **Andrea Ferber** und **Andreas Kusy** (Fotoassistenz).

BILDNACHWEIS

Autorenfoto: privat
Alle anderen Fotos: Silvio Knezevic

BACKOFENHINWEIS

Die Backzeiten können je nach Herd variieren. Die Temperaturangaben beziehen sich auf das Backen im Elektroherd mit Ober- und Unterhitze und können bei Gasherden oder Backen mit Umluft abweichen. Details entnehmen Sie bitte Ihrer Gebrauchsanweisung.

 www.facebook.com/gu.verlag

GRÄFE
UND
UNZER

Ein Unternehmen der
GANSKE VERLAGSGRUPPE